카르마 100일
보현스님의 행복체크카드

카르마 100일
– 보현스님의 행복 체크카드 –

2018년 5월 3일 초판 1쇄 발행
2018년 7월 5일 초판 2쇄 발행

글쓴이 | 보현스님
펴낸이 | 황봉용
펴낸곳 | 서울부처님마을

등록번호 | 제2018-000021
등록일자 | 2018년 2월 12일
주소 | 서울시 종로구 진흥로439 인왕빌딩 201호
        02) 379-2010
디자인/편집 | 나라연 여래기획

저작권자 ⓒ 보현스님
이메일 hoh8487@naver.com

ISBN 979-11-963787-1-4 03190

값 15,000원

카르마 100일

보현스님 지음

보현스님의 행복체크 카드

부처님마을

책을
시작하며

산은 참 아름답습니다.

자연은 참으로 공평합니다. 엊그제만 해도 꽃잎 접는 진달래가 아쉬워 서성거렸는데, 오늘의 보현봉 산행엔 연초록 새잎이 앞장서 길을 열어 줍니다. 나도 모르게 내밀어지는 손길, 저 여린 잎새 앞에 한참을 머물고 말았습니다.

봄볕이 주는 선물.

봄날, 산이 주는 기쁨과 설렘. 내일이면 또 다른 모습으로 나를 맞이할 숲을 그립니다. 산과 같이 모든 것을 포용하는 사람, 내 전부를 내어주어도 늘 행복한 세상을 그려 봅니다.

북한산 보현봉은 내게 어머니 같은 산입니다.

자연과의 합일을 이루었던 보현봉의 그날 이후, 내 나머지 삶은 사람들을 위해 살기로 다짐했습니다. 저 산과 같이 우리 모두가 자기 내면의 보물을 마음껏 꺼내 쓸 수 있다면, 얼마나 좋을까? 지금보다 더 행복하기를 꿈꾸는 사람들, 현실에 지친 사람들, 삶의 희망을 포기한 사람들에게 그 보물을 찾게 해 주고 싶었습니다.

행복의 열쇠는 나에게 있습니다.
카르마 100일은 내 마음속 보물을 찾아 행복으로 가는 길을 열어줄 것입니다. **카르마 100일**은 21세기 인공지능시대에 최적화된 불교 수행법입니다.
행복한 길, 함께 걸을 수 있기를 기원합니다.

2018년 4월
부처님마을에서 **보현** 합장

| 차례 |

내 마음은
어디에 있는가?

3. 감정 기복

앙금을 확실히 빼내지 않으면,
네 머리뚜껑이 날아가 버린다.

| 감사하는 마음이 삶의 출발점이다 | 잘 살고 싶거든 감정부터
| 마음의 얼음을 녹여라 | 화가 풀리면 인생이 풀린다

4. 허물

이 등신아! 네 똥부터 치워라

| 허물을 벗지 못한 뱀은 죽는다 | 허물의 지적은 내 영혼의 치료제
| 용서란 더러운 자리를 닦고 앉기 | 사람은 자연이 준 선물이다
| 사서 고통을 겪는 사람들 | 닥치고 공부해야 하는 이유

5. 갖춤

네 팔자가 그 따위인 것은
네가 모지리라서 그렇다. 갖춰라.

| 신세 한탄 | 모든 문제를 풀기 위해선 | 모르는 죄 | 뿌린 대로 거둔다
| 나를 연소시켜라 | 21세기는 미륵시대

6. 미친 세상

눈 먼 거북이들아, 정신 좀 차려라!

| 보여 지는 삶은 고통스럽다 | 맹구우목 | 부족함을 채우다 보면

7. 나는 누구인가

지식밥 먹고 체한 것, 불교로 뚫어라!

| 인공지능 로봇과 겨루는 시대 | 시간이 없다 |
| 꽃 중의 꽃은 사람, 사람이 부처

일체/
모든 두려움은/

내 자작극/

두려워
죽을 지경인 까닭

두렵다. 두려워 죽을 지경이다.

두려움을 갖게 된 이유는 무엇인가? 모든 삶의 운명이 다 미래에 대한 두려움이라는 속성을 갖고 있기 때문이다. 스스로를 깨우치지 못하면 시간이 지날수록, 나이가 들수록 점점 더 두려움이 커질 수밖에 없는 게 우리의 삶이다.

진리의 가르침을 통해 내가 내 자리에서 해야 할 일을 못했기 때문에 늘 두렵고 괴롭다. 진리의 법을 잘 버무려 나도 갖고 너도 주고 했다면, 이걸 잘 섭수했다면 두려움은 그냥 연소되어 사라졌을 텐데, 내가 내 자리에서 내 할 일을 못했기 때문에 그것을 경책하며 스스로 두려워하는 것이다.

두려움은 두려움을 학습시킨다.

천지만물, 즉 대우주는 끊임없이 변화하고 있다. 그런데 나는 어떠한가. 대우주의 변화에 탑승하기는커녕 받아들이지도 공부하지도 않는다. 아예 변화하고 싶은 생각조차 없다. 엎친 데 덮친 격으로 융통성마저 없다. 자신의 생각·감정을 움직여가며 바꿔보려 노력하지도 않는다. 모든 것이 변한다는 제행무상諸行無常의 법은 더더욱 알 리가 없다. 자신이 어디서 왔다가 어디로 가는지도 모른다. 이렇게 해놓은 것도 없이 죽음의 시간만 기다리고 있으니 스스로 두려울 수밖에 없다.

이 모두가 내 본성자리에서 내가 할 일을 올바르게 다 해내지 못했기 때문이다. 정신적 허기, 육체적 허기가 늘 나를 때리는 것이다. 나 스스로를 두드리는 두려움. 이것은 나의 질량이 약한 탓이다. 지식감정이 많은 사람이거나, 지식감정이 뭔지 모르는 무식한 사람, 이도저도 아닌 사람들 그 모두가 죽음의 시간 앞에서는 두려움을 느낀다.

여기에서 질량質量이란 '참 나'라는 본래 자리가 갖추고 있는 기운으로, 불생불멸하는 진리眞理의 성품을 말한다. 인간은 누구나 부처의 성품을 타고 난다. 다만, 지수화풍地水火風의 기운을 어떻게 받았는가에 따라 저마다 각기 다른 에너지, 각기 다른 질량을 갖고 태어난다. '참 나'의 본래 기운을 제대로 쓰기 위해서는 훈련이 필요한 것도 그 때문인데, 이것이

바로 나의 진리 지식을 채워나가는 과정인 것이다.

진리 지식을 채움으로써 나의 질량을 높이는 순간, 더 이상 두려움은 없다. 내부로부터 저절로 우러나오는 밝은 빛, 내면의 에너지는 내 상처 난 영혼을 깨끗하게 정화시키며 나를 행복으로 이끌어 준다.

그리하여 세상 사람들과 소통하며
나를 치유하고 세상을 치유하는 것,
이것이 바로 카르마 관찰 수행인 것이다.

제행무상諸行無常이 무언지도 모르고 방일放逸하게 보낸 지난날을 돌이켜 보라. 지금도 우주만물은 쉼 없이 변화하며 세상의 빛과 에너지가 되고 있다. 자연이 곧 사람이다.

나 혼자는 살 수 없다. 자연과 동화되어 모든 사람, 모든 인연들과 늘 함께하겠다는 마음으로 살아야 한다. 그러할 때 두려움을 떨칠 수 있다.

두려움을
빛으로

사람들은 자기 앞에 온 나와 다른 생각·감정을 가진 모든 사람들이 하나로 연결된 것을 모른다. 이 도리를 모르고 자기 혼자만 살려고 한다. 두려움 속에서 짐승 같은 짓거리를 하는 것이다. 그래서 제법무아諸法無我의 도리를 깨우쳐야 한다. 깨우쳐서 사람 노릇하며 살다보면 두려움도 사라진다.

두려움을 두려움으로 몰고 가지 말아야 한다. 이 불변不變의 진리眞理가 빛으로 오셨으니 그것이 바로 21세기의 미륵부처님彌勒佛이다.

이 말은 모두가 이미 깨우쳐져 있다는 말이다. 신지식, 견문, 상식, 지혜, 기술까지도 이미 각자가 다 갖추고 있는 시대이다. 두려움도 괴로움도 고통도 아픔도, 이 모든 고락苦樂을 내가 짓고 내가 받는다. 희로애락喜怒哀樂을 내 생각·감정에서 만들어냈다는 말이다.

14

두려움은 나의 지식의 질량이 모자란 딱 그만큼으로 다가온다. 무명과 무지가 내게 두려움으로 엄습해오는 것이다. 두려움은 악惡의 업습業習으로 전달된다. 그러니 두려울 수밖에 없다. 두려움은 내가 몰라서 그런 것이므로 진리 · 지식과 일반지식 모두를 공부해야 한다. 아는 것이 많으면 일단은 두려움에서 벗어날 수 있다.

지리산에서 수행할 때 있었던 일이다. 어느 날 산고양이가 내려왔는데 쥐 한 마리를 잡아놓고, "쥐 잡아 놨으니 밥 달라."는 듯이 장독대에 앉아서 "야옹~" 하고 있었다. 고양이가 제 할 일을 했으니 당당하게 들이대고 밥 달라는 것이다.

제 할 일을 했는데 두려움이 있을까. 그러
니 당당하게 제가 한 일을 보이면서 내게 따
진 것이다.

개는 도둑이 왔을 때 제 할 일을 하지 못했
으면 주인 눈치만 슬슬 본다. 짐승도 이런
데 사람은 어찌해야 할까? 사람도 제 할 일
을 하지 않고 허송세월만 한다면 당연히 두
려울 수밖에 없다.

인간은
생각하는,
생각을 해내는
동물이다.

따라서 짐승과 달리 내 안에 지식이 골고루
갖춰져 있어야 한다. 지식, 학식, 인지 등
모든 것을 갖춰야 한다. 체계적인 지식과
학식을 떠난 일반지식과 사실 · 실상까지도
숙지해서 일체 모든 지식분야를 갖추라는
말이다. 정보화시대에서 사람을 읽어내는
정치 · 경제 · 사회 · 문화 등 각 방면의 사

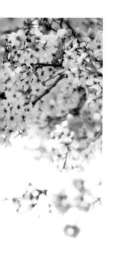

회지식을 갖춰 놓지 못하면 이 사람은 미륵 시대에 탑승할 수 없는 사람이다.

인공지능 시대가 도래한 미래의 시대는 국영수를 배우는 것도 중요하지만 그보다 더 중요한 것은 지식캠퍼스에서 배운 지식을 어떻게 사회에 접목시킬 수 있는가? 하는 문제이다.

미래의 시대는 이공계적 사고와 인문학적 사고를 동시에 풀어서 진리 · 지식에 넣을 수 있어야 한다. 허드렛일을 하는 사람에서부터 최고 결정권을 가진 사람들까지 모두가 이해할 수 있도록 풀어내어 말로 전달할 수 있는 사람, 그가 최고의 인기가 끌 것이다. 21세기 미륵시대가 바로 그런 사람들을 원하기 때문이다.

말의 위력

보고 듣고 배운 모든 것은 입을 통해서 나간다. 에너지 공장에서 상품이 만들어져서 나가는 곳이 입이다. 이게 바로 말의 위력이다. 공장인 우리 몸에서 최고의 에너지를 만들면 이걸 내보내는 것이 나의 입인 까닭이다. 지식이 만들어지면 잘 버무려서 전달하는 역할을 하는 것이다. 그러니 이 말의 위력이 얼마나 대단한 것인가?

그러나 말이라고 다 말이 아니다.

이 시대는 눈높이의 지식도 점을 쳐 봐야 안심하는 시대이다. 생각나는 대로 그냥 내뱉어서는 안 되는 시대란 말이다. 정보화시대, 인공지능시대에서는 인공지능을 다스릴 수 있는 질량의 지식이 자신의 내면에 충만하게 저장되어 있어야 한다. 첨단화된 질량의 신지식이 신진리 속에 녹아져 있어야만 중생을 다스릴 수 있는 능력을 발휘할 수 있다.

우리가 공부를 하는 것은 이 시대의 정신精神의 물결, 마음心의 물결을 잘 파악하기 위해서이다. 이 시대에 보이는 것은 물론 보이지 않는 것들도 다 파악해내서 이를 이론화시키고 논리화해서 콘텐츠를 체계화시켜야 한다. 이론이 체계화된 콘텐츠만이 상대방이 완전히 이해하도록 풀어줄 수 있다. 그래야만이 인공지능시대에 인정받을 수 있다.

우리 모두는 디지털 정보화시대의 플랫폼 역할을 할 수 있는 진정한 정신적 멘토가 될 수 있어야 한다. 앞으로는 내게 도움을 필요로 하는 상대방의 생각 · 감정을 푹 쉬게 해주는 사람이 최고로 멋진 직업인이 될 것이다.

이것이야말로 반드시 인간만이 할 수 있는 인간만이 해낼 수 있는 정신의 지식 생산 능력인 것이다.

사람이니 가능하다

우리는 왜 두려워하는가? 인간은 생명을 보호하고 보존하려는 마음 즉, 내가 아니면 나를 보호할 수 없다는 마음을 선천적으로 갖고 태어났기 때문이다.

이러한 마음은 천신과 지신, 산신, 우주 만물과 인류를 창조하고 구원하는 어느 절대 신이 온다 해도 변화시킬 수 없다. 오직 인간만이 스스로 자신을 변화시킬 때 그 마음 또한 변화가 가능하다.

결국 최고로 위대한 것은
인간 신神인 바로 '나'라는 존재이다.

지금 잠시 육신이라는 껍데기에 뒤집어 씌어 있지만 그 안의 존재는 천상천하에서 가장 위대한 신이다. 따라서 자신이 위대한 존재임을 인지하지 못한다고 해서 두려워할 이유는 없다. 일체의 답이 여기에 있다.

이 새로운 패러다임 안에 있는 신지식을
신진리로 모조리 다 갖춰내
그 위대한 에너지로 인류를 빛나게 하는 것이
우리의 목적이다.

내가 가장 위대한 신이다. 고로 나는 행복하다. 이것을 바르게 알고 공부하면 내 안의 어리석어서 몰랐던 번뇌의 카르마 악행 악보가 완전히 연소되어 안온하고 평온한 열반적정涅槃寂靜의 도리로 이어지게 된다. 두려움이 완전히 연소된 즐거운 생업生業 카르마로 살아갈 수 있다.

두려움을
다스리려면

두려움이 학습되는 이유는 무엇일까? 해야 할 일을 하지 못
한 것을 스스로 느끼기 때문이다. 내 앞에 인연 되어서 온
사람을 이해하고 포용하지 못해서 두려운 것이다. 두려움과
잘못을 거슬러 올라가 관찰해 보자. 그런 느낌과 감정은 어
디에서부터 시작되었는가? 내 가슴부터이다.

걱정근심으로 불안해하고 고민한다. 겁에 질려서 두려워한
다. 공포가 엄습해온다. 겁에 질려 패닉상태다. 이 모든 것
들은 나의 뇌가 딱 속아 넘어간 것이다. 카르마 관찰을 통해
나의 업을 발견해야 하는 이유가 여기에 있다.

카르만 관찰은
그동안 나의 업을 모르고 살아온 내게
용기를 주고 두려움을 떨치게 한다.
카르마 관찰만이
두려움을 다스리는 방법을 가르쳐 줄 수 있다.

거듭 강조하지만, 일체 모든 두려움은 내 자작극이다. 그동안 눈이 뒤집혀서 바깥경계를 제대로 보지 못했기 때문에 급살을 떨고 사람을 잘못 본 것이다. 지금이라도 이런 것을 알아차려서 보살행을 할 수 있게 해주신 부처님께 감사하라.

잘못을 깨달았다면
부처님께 참회하는 일은 나의 몫이다.

부처님을 믿는다면서도 그동안 공부는 안 하고 헛짓거리만 하고 다녔음을 참회하라. 나만 잘 처먹고 잘 살겠다고 아등바등한 짐승 같은 짓거리를 참회하라. 지금부터라도 내가 아닌 다른 사람을 먼저 생각하고 그를 위해 살기를 다짐하라.
이런 참회와 서원을 가능하게 해주신 부처님께 감사기도를 올려라.

당신이 '○○보살'이라 불리는 것부터가 부처님께서 살아갈 팁을 준 것이다. 대승보살로서 살아갈 팁을….

입방아를 잘 찧자

중생으로서 인간의 본성은 그 자체가 두려움이다. 우리가 두려움을 갖는 이유 중 하나가 진리 · 지식을 갖추지 못했기 때문이다. 여기서의 지식은 일반지식까지를 말한다. 카르마 관찰을 통해서 올바른 눈을 갖기를 바라야 한다. 바른 관찰이 바르게 볼 수 있는 눈을 가져다준다.

카르마 관찰은 진리 · 지식을 바르게 보는 방편 수행법이다.

내 앞에 다가온 인연들을 잘 다룰 수 있게 방편을 주는 경이 [사람 경]이다. 지금 당신이 사람들로 인해 두려움을 느낀다면 이것을 모르고 살아왔기 때문이다.

저 자연과 우주의 소리를 듣고 언어의 중요성을 알아차려야 한다. 인간이 자연이고 우주이다. 바로 이 몸뚱어리가 소우주다. 이 소우주 가운데에서도 모든 말을 방아 찧어 내보내는 입의 역할은 아무리 강조해도 지나치지 않다. 인간이 주는 말소리를 똑바로 들어야 한다. 서로의 소통 속에서 이뤄지는 말의 에너지야말로 제일 무서운 것이기 때문이다.

내가 넣고 내가 찧어대는 것을 '입방아'라고 한다.
오늘날의 내 삶의 성적표는 그동안 내 입 방앗간에서 무엇
을 어떻게 계획하여 생산했으며 어떤 품질로 가공시켜 인간
시장에 내놓았는가에 달려있다.
입방아는 내 정신의 질적 방아이다.

즉, 내 맑고 밝은 정신의 프로덕션에서 나를 위해 더 나은
환경과 더 높은 사람에게 로비하는 곳이 입이다. 로비란 커
뮤니케이션 수단을 통해 폭넓은 인맥을 소유하기 위한 행위
이다. 모든 정보를 지식, 상식, 견문, 기술력의 지혜로 완
벽하게 갖춰 높은 수준으로 마케팅하여 나와 내가 속한 조
직을 홍보하고 협상하는 것, 이때의 입방아는 더 말할 필요
가 없으리라.

어떻게
살아왔는가

나는 입방아를 통해 어떤 제품을 생산해 냈는
가? 내가 고민하여 창작해 내놓은 제품은 나의
지식 질량의 수준을 나타낸다. 얼마나 초자연
적이고 최첨단의 질량지식을 갖고 이 우주의 울
림소리를 제대로 듣고 받아들여 프로답게 프로
덕션해서 사람을 잘 대했는가, 이 말이다.
다시 말해서 자연이든 우주든 그리고 소우주
든, 모두 나로부터 사람의 소리를 듣고 나로부
터 사람 짓거리를 해왔는지의 문제이다.

나는 지금 사람 노릇을 하며
보살심으로 살고 있는가?

이렇게 올바르게 관찰하는 카르마 운영에는 두
려움이 찾아올 수 없다.

그는 깨달은 사람이기 때문이다.

깨달음이란 나와 인연된 모든 사람들이 다 이해할 수 있도록 풀어주고 해결해 줄 있는 경계이다. 이런 정도가 되었을 때 비로소 서로 시너지 효과가 나게 된다. 이 경계가 되지 않으면 두려움은 끊임없이 엄습해온다.

내가 내 할 일을 못하고 있으니 죽고 싶은 것이다. 뭐가 뭔지 몰라서 두려운 것도 여기에 속한다. 견문이 부족해서, 지식이 부족해서, 또 진리를 타파하지 못해서 앞날이 두려운 것도 여기에 속한다.

진리와 일반지식을 모두 갖춰 놓은 사람은 이 말을 쑥쑥 받아들인다. 이 맛을 모르는 사람은 깨닫고도 또 두려운 사람이다. 즉 일반지식을 갖추고도 쓸 줄 몰라서 두렵고, 이도 저도 아닌 어리석음에 콧대만 세서 두렵다. 그러나 이 두려움들도 카르마 관찰을 학습하면 반드시 다 해결할 수 있다.

어디서 와서 어디로 가는지도 모르고 살아가는

사람들, 무지무명 속에 살아가기에 늘 두려움에 떠는 사람들. 자신만이 최고라는 아만과 자만, 거만과 교만의 깃대를 달고 자기만의 방식으로 살아가면서도 불만투성이의 사람들. 지금 행복하면서도 더 행복하기를 꿈꾸는 사람들.

세상 사람들은 모두가 더 나아지기를 원한다.

나는 저들 가운데 어디에 속해 있을까?

아니, 저들의 지팡이가 되어 저들을 이끌어줄 수는 없는 것일까? 21세기 정보화시대의 사람들에게는 그들이 보지 못하는 문제를 질서 있게 풀어서 교통정리를 해주고, 그들이 이해하도록 손을 잡아주고 이끌어주는 진정한 멘토가 필요하다.

그들이 온갖 두려움과 불만에서 벗어날 수 있도록 하자.

지혜의 눈을 뜰 수 있도록 돕자. 이 모든 것을 가능하게 해주는 대승보살의 삶을 살자.

고집 센
사람은

외눈박이

자기 사고에
갇힌 사람들

우리 주변에는 고집 센 사람이 한 둘씩은 꼭 있다. 한자를 봐도 고집固執은 오로지 한결같이 굳게 꽉 잡고 있는 형국이다. 固(고)자는 자기 자신이 옛 모습[古]을 고집하면서 갇혀 있는[口] 상태이다. 집執은 집착, '어떤 대상을 꽉 잡고 지키겠다, 가지겠다.'는 의지를 나타낸다.

융통성이 없이 꽉 막힌 사람, 이쯤 되면 고집 센 사람은 융통성 결핍 증후군 환자라 불릴만하다.

이런 사람은 꽉 막힌 까닭에 늘 힘들고 어렵게 살아간다. 지켜보던 주변 사람들조차 지겨워서 모두 다 떠난다. 자기가 맞고 옳다고 생각하는 것만 꽉 움켜잡고 사는 까닭이다. 고집 센 사람들이 쓸쓸하고 외로운 것은 이 때문이다.

고집을 왜 부리는가, 그 원인을 살펴보면 아이러니컬하게도 자기주장이 강하고 고집 센 사람일수록 스스로를 이해하지

못하는 경우가 많다. 자기 자신을 모르니 남을 이해시킬 수
없는 것은 당연한 이치이다. 제대로 고집을 부리려면 자기
자신부터 바로 알아야 한다.

신지식의 고집은 보통 사람의 고집과는 또 다르다.
뭘 잘 알지도 못하면서 강하기만 한 것과 너무 많이 알아서
자기만의 세계가 최고라 여기는 고집의 차이이다. 이렇듯
본래 고집 센 사람이 뭘 좀 알았다고 해서 어떤 가치 판단
을 자기 사고의 틀에 딱 가둬둔 경우야말로 가장 다루기 힘
든 사람이다. 어느 누구도 이 고집에는 버텨낼 재간이 없다.

고집은 마이너스 에고 덩어리가 '나만 옳다'는 생각을 강하
게 일으킬 때 나타난다. 마이너스 에고가 강하여 튕겨나가

는 것이다.

플러스 '참 나'가 강하면 그냥 당겨온다.

맑고 밝은 에너지는
주위의 기운을 훅 끌어당기는 성질이 있다.

주위를 맑고 밝게 변화시킨다. 이런 사람은 신지식과 진리
를 갖춘 까닭에 주변의 에너지를 상승시키는 기폭제(trig-
ger) 역할을 한다.
플러스 참 나라는 기폭제는 주변 사람들의 중생심으로 꼭꼭
감춰졌던 불성을 '탁'하고 깨어나게 한다. 불보살의 기운을
써서 모두를 불보살로 깨어나도록 돕는 것이다.

고집 센 사람만
나쁜가

고집 센 사람은 외눈박이이다.

평정을 잃은 상태가 눈이 한쪽으로 쏠려 있는 것과 같기 때문이다. 정면을 보고 있어야 할 눈이 옆으로 고정돼 있다면 그를 좋아할 사람은 없을 것이다. 주위의 사람들이 떠나는 것도 그 때문이다.

그렇다면 고집 센 사람만 잘못인 것일까? 아니다.

아닌 게 있어야 맞는 걸 분별하게 되므로, "이것이 있어 저것이 있고, 저것이 없어 이것이 없다."는 진리를 알아야 한다. 부처님이 말씀하신 연기법을 생각한다면 고집 센 사람을 피해 떠난 사람도 잘못이다. 그 사람이 알아차릴 수 있도록 설명할 수 있는 정보지식이 없을 뿐이다.

고집을 부렸기 때문에(원인) 떠났다(결과)?

이것은 불자의 태도가 아니다. 고집을 부리는 사람이 있으면 풀어줘야 한다. 부처님께서 무명에 휩싸여 중생심으로

꽉 찬 우리를 위해 팔만사천법문을 하신 까닭을 잊지 말아
야 한다.

조금이라도 고집을 내려놓으면 세상살이가 편해진다.
'나'라는 생각, '나의 주장'이 없어지기에 답답하지 않으니
스트레스도 덜 받는다. 그러나 고집을 내려놓으려면 고집을
컨트롤 할 수 있도록 도와줄 스승이 필요하다.

고집이라는
병을 고치려면
무엇보다 소통하는 연습이 필요하다.

남은 물론 자기 자신과의 소통이 있어야 한다.
이 소통의 방법 가운데 하나가 카르마 관찰 기법이다.

불교에서 터부시하는 4가지 교만한 마음四慢 또한 현대적으로 보면, 잘난 척하는 사람의 고집이라 할 수 있다. 사만의 첫째는 증상만增上慢이다. 최상의 교법과 깨달음을 얻지 못하고서 이미 얻은 것처럼 교만하게 우쭐대는 일을 말한다. 둘째는 비하만卑下慢이다. 남보다 훨씬 못한 것을 자기는 조금만 못하다고 생각하는 일이다. 셋째는 아만我慢으로 스스로를 높여서 잘난 체하고 남을 업신여기는 마음이다. 넷째는 사만邪慢으로 덕이 없는 사람이 덕이 있다고 생각하는 것이다.

"꼭 내가 해야 한다는 생각을 버린다."
"내가 아니어도 잘될 수 있다."
"나 혼자가 아니라 함께 해보자."
"주장 말고 나누며 하자."

고집을 버리려면 이렇게 생각하고 또 행동으로 실천해야 한다. 그리고 이렇게 이끌어주는 이가 멘토이다.

호통 말고
소통하라

고집이 강한 사람은 자기주장이 강한 사람이다.
자기주장이 강한 사람은 기운이 큰 사람이다. 단 기운이 크고 강하지만 실력이 부족하면 바른 법에 오류를 범한다. 다시 말해 실력만 더 갖추면 큰일을 할 수 있는 사람이다. 내 주장만 강하고 남을 이해하지 않을 때 그것을 흔히 똥고집이라 한다. 반면에, 내 주장을 하되 남과 소통을 통해 이해시키면 그것은 더 이상 고집이 아니다.

그러나 대다수의 고집 센 사람들은 남을 설득하기보다는 자신에게 동조하지 않는 것을 못마땅해 한다. 내가 변하면 상대가 달라진다는 것을 모른다. 아니, 알려고 하지도 않고 인정하지도 않는다.

나를 올바르게 보자
남을 이해하자.

남과 소통하자.
지도자가 되자.

많은 사람들은 남을 바꾸는 것보다 내가 바뀌는 게 훨씬 쉽고 편하다는 것을 모른다.
우리가 수행을 하는 이유가 이것이다.

남을 변화시키는 것은
내가 그만큼 받아들일 준비가 되어 있을 때만이
가능하다.

그리고 그것은 호통이 아닌 소통으로 이루어진다.
자기주장이 강함에도 상대를 이해시키고 설득하는 능력을 갖춘 사람. 우리는 이런 사람을 지도자(leader)라고 부른다.

앙금을
확실히
빼내지 않으면

네 머리뚜껑이
날아가 버린다

감사하는 마음이
삶의
출발점이다

감정이나 느낌을 잘 표현하려면 내 생각·감정, 오감을 잘 정리하고 업그레이드 시켜서 최고의 명품으로 갖춰야 한다. 사고를 지배하고 있는 틀 즉, 패러다임을 전부 깨부수어 신 패러다임으로 신지식인 시대에 맞게 운영할 수 있어야 한다.

부처님마을에서는 카르마 관찰로 생각·감정이 조화롭게 균형 잡히도록 돕는다. 오늘을 사는 나는 감정, 감성, 이성 등 모든 것을 지혜롭게 갖춰 인간 본성의 자리에서 타인을 껴안고 살아가야 한다.

우리는 서늘한 이성과 따뜻한 감성,
즉 보살심을 균형 있게 갖춰야 한다.

이것이 선악^{善惡}을 분석해서 분별하는 과정이다.

그러면 자연신의 세계에서도 우리를 도와준다. 겸손은 백지장도 맞든다는 생각·감정으로 자연계 신장님들의 도움을 받아 내 내공에 힘을 받는 것이다. 자연계 신장님들은 누구나 할 것 없이 자연스럽게 프리볼트로 기운을 주신다. "저렇게 노력하는데 저 사람을 돕자!" 일체 신의 세계에서는 내가 노력하지 않으면 절대 나를 돕지 않는다.

감사기도를 먼저 해야 하는 이유가 여기에 있다. 감사기도는 감정 기복에서 탈출할 수 있는 에너지를 준다

감사기도의 출발점은 내가 살고 있는 이 자연계이다. 공기가 없다면, 또 물이 없다면 내 몸이 어찌 살 수 있는가. 그러므로 일체 만물의 에너지를 다 이미지화 시켜서 내 머릿속에 넣고 감사기도를 하는 것은 무엇보다 중요하다.

잘 살고 싶거든
감정부터

나와 관계없는 사람은 아무도 없다.
가족이 아니라고 내 가까운 주변 사람이 아니라고 방치한 결과가 오늘날 이 모습이다. 왜곡된 우리 사회의 모습, 이것은 결국 나의 무관심으로부터 비롯된 결과물이다.

지금 당장 나와 관계가 없다고 내 이웃, 내가 속해 있는 조직, 국가와 인류, 이 모두가 불행해지는 것을 못 본 척할 것인가? 내가 잘 살고 우리 모두가 행복하게 살기 위해서는 나와 다른 사람을 하나로 보는 눈을 갖춰내야 한다.

그러나 그런 눈을 갖추는 일은 쉬운 것이 아니다. 내 적은 지식과 부족한 지혜의 용량은 내 감정이 생각할 틈을 주지 않는다.
캄캄한 비좁은 터널 속에 갇힌 새와 다를 바 없다.
감정 기복이 심한 경우 양극성 장애를 겪는 것과 같다. 이런 증상은 여성에게서 많이 찾아볼 수 있다. 특히 나이가 들면서 뭐가 조금 걸리거나 힘든 상황에 부딪치면 좋았다, 나빴다를 죽 끓듯이 반복한다.

남자의 경우는 표현능력을 상실한다. 여성들이 시나리오 작가처럼 과대한 상상력으로 극단적인 생각에 사로잡히는 반면 남성들은 더욱 더 자기 안으로만 들어간다.

인간은 칭찬을 받을수록
삶에 의욕을 가진다.

칭찬에 젖어 익숙해지면 그만큼 자신의 길을 잃어버리기도 하지만 그래도 칭찬은 삶의 활력소가 되어 나를 발전시키는 원동력이 된다.

하지만 칭찬을 듣지 못하고 불평불만 속에서 투덜투덜 거리며 살아가야 하는 인생은 자신에 대한 학대를 가져올 뿐이다. 내일의 포기각서를 나도 모르게 쓰고 있는 것이다. 이런 상태가 지속되면 스스로 위험할 수밖에 없다.

그런 사람일수록 누구 하나 잡아 죽여야 속이 풀리는 말들을 늘 입에 달고 산다. 내가 그들에게 잘할 능력과 그들을 행복

하게 해줄 수 없다는 예고편과 같은 행동이다. 당연히 나 또
한 잘 될 수 없다. 참 가련한 삶이다.

지금도 미움이 있다면 스스로 명품 되는 것을 포기해라.
잘 살고 싶으면 내 감정부터 다스려야 한다.

마음의 얼음을
녹여라

마음이 얼어붙으면 어떻게 될까? 단 한 번의 행동, 말 한마디로 창공을 박차고 날아오를 수 있는가 하면, 잘못 낸 마음한 번이 세상을 얼음으로 만들어 버릴 수도 있다. 따뜻한 마음은 나와 남을 소통케 하는 만능 키이다.
불량 난 감정의식은 나 스스로 발전시켜야 한다. 그 사람의 생각 · 감정을 알게 될 때 나의 성격을 보여줄 수 있고 그럼으로써 행복이 보인다.

불교에서는 '인욕바라밀'을 강조한다. 인욕바라밀은 인내하고 참는 것이지만 감정적으로 참아내는 일반적인 인내와는 다르다. 인욕바라밀은 하심하는 마음자세가 전제되어야 한다.

그를 완전히 이해함으로써
저절로 인내하는 마음이 일어나는 게
인욕바라밀인 것이다.

생각 · 감정이 슬그머니 일어나는 것은 억눌렸던 감정이 솟아나는 것이다. 임시적으로 풀려서 마주하는 것 같지만 참는 것만으로는 다 풀리지 않는 게 감정이다. 이것을 완전히 풀어내는 것은 카르마 관찰뿐이다.

감정폭발을 잠재우기 위해 병원에서 약을 처방 받고 억지로 뇌를 잠재우기도 하지만 그렇게 해서는 죽을 때까지 해결이 안 된다. 인생을 마지막까지 화병으로 살아갈 수는 없는 노릇 아닌가.

하지만 감정폭발 청소는 한 번에 되지 않는다. 내 가슴에 엉키고 설킨 것들을 완전히 풀어야 하는데, 이걸 풀어내는 방법은 오직 카르마 관찰이다. 카르마 관찰로 상대가 이해할 수 있게 그리고 스스로 해결할 수 있게 만들어줘야 한다.

멘토가 필요한 것도 그 때문이다.
내 안에 쌓인 그 오염물질,

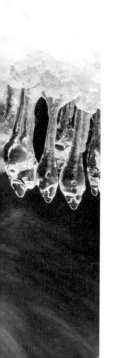

앙금 하나하나를 청소하기 위해서는
안내자가 필요하다.

한 잔의 오염된 물이 있다고 가정해 보자. 잠
시 가만히 두면 오염물질들은 자연히 가라앉
아 물이 맑아진 것처럼 보이지만, 결국은 앙
금이 일시적으로 가라앉은 것에 불과하다.
다시 살짝만 건드려도 앙금이 다시 올라와 뿌
옇게 되고 만다.

사람도 마찬가지이다. 수행을 통해 마음을
맑혔다고 하더라도 앙금 하나하나를 완전히
풀지 못한 상태인 경우가 많다. 나와 비슷하
게 오염된 누군가가, 그가 내 가족이나 가장
가까운 사람이라 해도 나를 툭 건드리면 가
라앉았던 앙금들이 올라와 또다시 오염되고
만다. 이 오염된 앙금이 감정기복의 원인인
것이다.

이러한 상태에서 또 누군가가 와서 건드린다
고 하면, 오염물이 아예 폭발할 지경에 이르

게 된다. 상대의 눈만 봐도 공격 본능이 살아난다. 오염물
이 폭발해 진짜 머리 뚜껑이 열리게 되는 상황이다. 이러한
개개인의 상황을 사회적으로 확대해 보자. 이 얼마나 무서
운 세상인가?

화가 풀리면
인생이 풀린다

화를 치유하는 데는 많은 방법이 있다. 병원을 가고, 참선을 하고, 명상을 하고, 108배 참회를 하고…. 다들 나름대로 열심히 닦아내려고 노력한다.

그런데도 치유가 되지 않는다. 거기에는 다 이유가 있다. 앙금이 있는 상태에서 했기 때문이다. 아무리 좋은 수행을 한다고 해도 내 생각·감정의 앙금을 고스란히 감춰둔 채로는 근원적인 치유가 불가능한다.

절대자에게 빈다고, 명상을 하고, 108배를 하고, 기 수련을 한다고 해서 분노가 다 빠져나갈 수 있겠는가. 내 몸 속에서 앙금이 다 빠져나가기 전에는 아무리 빌어도 사회 속에서 적용시킬 수 없다. 그러니 조금만 잘못돼도 내 맘에 들지 않는다고 그냥 부딪쳐 버리는 것이다. 내 앙금을 다 풀어내지 못한 상태에서, 내가 나를 청소하지도 못한 상태에서 어떻게 그를 이해시킬 수 있겠는가.

내 감정을 다스리지 못하는 한 그를 이해시킬 수 없다. 수십 년 동안 절을 다닌 분들도 자신의 앙금을 풀어내지 못하는 경우가 부지기수다. 방법을 모르는데 어떻게 내려놓고 어떻게 비운단 말인가? 지금도 수많은 사람이 갈 곳을 몰라 헤매고 있다.

스님들이나 멘토들이
마음을 내려놓으라고 말만 했지,
그 방법을 가르쳐 주지 않아서이다.

카르마 관찰은 내 생각·감정의 찌꺼기를 말끔하게 청소하는 기법이다. 지금까지 나 스스로 이해하지 못하던 것을 묻고 답해주는 카르마 관찰은 실타래처럼 얽히고설킨 인생들을 저절로 풀어지게 만든다.

오염된 물을 맑고 맑은 물로 앙금까지 깨끗이 정화시키듯이 내 마음의 앙금을 남김없이 제거해준다. 더 이상 속 터질 일이 없으니 감정 기복을 염려할 일도 없다. 자신의 인생을 완전히 연소시킨 뒤라 다시 오염될 일도 없다.
생각·감정은 물론 온몸의 혈이 다 뚫린 상태가 되어 약해졌던 신경들이 다시 살아나면서 마음이 평온해진다. 서러움으로 복받쳤던 감정들이 완전히 해소되면서 화가 다 풀어져

나간 것이다.

화가 풀리면 인생은 저절로 풀린다.
세상이 불공평하다고 궁시렁거리던 내 감정들도 모두 다 해
결된다. 이해 못하던 것을 이해하니 나 또한 그를 풀어줄
수 있는 근기가 생긴다. 그를 이해하고 그의 결박된 감정
을 풀어줄 수 있을 때 비로소 모두 다 행복하게 해줄 수 있
게 된다.

이 등신아!

네 똥부터
치워라

허물을
벗지 못한 뱀은
죽는다

허물을 벗어 내지 못한 뱀은 살 수 없듯이 나를 바꾸지 않으면 나 또한 살아도 산 것이 아니다. 남의 허물이 내게는 왜 이렇게 잘 보일까? 남의 의견을 바꾸려 하지 말고 방해받는 나를 보아라. 그게 바로 바꿔야 할 나이다.

카르마 관찰은
내 악연의 허물을 벗는 길이다.

이를 경전에서는 그 사람이 네 앞에 온 것이라고 표현한다. 다시 말해서 그는 내 앞에 거울로 다가온 것이다. 뱀이 허물을 쓴 것처럼 그 사람이 허물을 쓰고 있으면 나도 그렇다는 이야기이다.

상대방을 가르치려고 들면 지금은 좋을지 몰라도 시간이 지날수록 그 사람과의 관계는 끝이 난다. 상대를 가르치려는 동안 나에게도 어려움이 찾아오고 나 스스로 점점 더 외로워지기 때문이다.

지금까지 사람들은 이 점을 못 잡아냈다.

그 사람이 어떤 말을 할 때, 그 사람 뒤에 얼마나 많은 사람들이 따르고 있는가를 보아야 한다. 그리고 나는 지금 잘 살고 있는지를 보아야 한다. 아니라면 당신 역시 자신의 똥도 못 치우는 주제에 남을 가르치려 하는 것이다. 일이 안 풀리는 것은 다 이유가 있다.

이를 가정으로 가져가면, 간섭형의 사람으로 가족들도 당신의 말을 듣지 않는다. 악보에 따른 악행인 것이다. 이 악행의 과보를 피할 곳은 그 어디에도 없다. 하늘이나 바다 속에도 없고 산의 동굴 속에 숨어도 피할 수 없다. 이 세상 그 어디에도 과보를 피할 곳은 없다.

잉꼬부부로 소문난 부부가 있었다. 한 친구가 그에게 물었다.

"나는 도저히 내 마누라와 살 수가 없을 지경이다. 너는 어떻게 살길래 그렇게 사이가 좋으냐?"

잉꼬부부인 친구가 답했다.

"간단해. 나는 사회와 인류가 행복하고 평화롭길 바란다.

내 마누라는 늘 돈, 집, 차, 땅 이런 것을 굴릴 생각에 오늘도 눈이 뒤집혀 있어. 또 '애들을 어떤 학교로 보내야 하나?' 하는 생각에 눈이 뒤집혀 있어서, 서로 눈도 마주칠 시간이 없거든."

그냥 우스개로 들릴지 모르겠지만 이들 부부는 각자가 서로의 다름을 인정하고 존중하는 에너지를 갖고 있다. 자연은 어김없이 이 단계의 관문을 잘 관찰해서 넘어가라고 늘 우리 앞에 공부 재료를 던져 준다.

화가 나거나 미워하는 생각이 떠오르면 행선行禪을 하라.
천천히 걷는 것은 좋은 카르마 관찰 훈련의 하나이다.

허물의 지적은
내 영혼의 치료제

이 세상에서 가장 행복한 일은 무엇일까?

하루는 부처님께서 대중이 모여 이야기하는 곳에 오셔서 말씀하셨다. "사바세계에서 보석을 갖고 좋다, 싫다 하는 것은 윤회의 고통을 초래할 뿐이다. 오직 이 변하지 않는 진리의 법문을 듣는 것과 전 인류가 화합하는 것만이 참으로 행복한 것이다. 진리와 지식으로, 참된 가르침을 받는 것이 진정한 행복이다."

행복하게 살아가기 위해서는 내 안에 허물을 보는 수행을 해야 한다. 내 안의 허물들을 올바르게 잡는 수행을 해야 한다. 자신의 허물은 나와 다른 사람의 눈을 통해서 나를 보라는 스승과도 같다. 상대가 거울과 경전으로 내 앞에 나타난 것이다.

천수천안관세음보살이 천백억 화현신이다. 그대로 자연신

이다.

그를 통해
나 자신을 바로 보아야 한다.

그게 나이다[나툼 경經], 상처준 사람[상처 경經], 칭찬해주는 사람[칭찬 경經], 혼내는 사람[혼내 경經], 무섭게 화를 내는 사람[무섭 경經], 유난스럽게 살아가는 사람[유난 경經] 등 내 눈앞에 보이는 것들 모두가 자연히 온 것이다.
있는 그대로가 부처님 말씀을 담은 경전과도 같다. 이게 [자연自然 경經]이다.
이런 가르침을 거부하지 말고[거부 경經], 오만 떨지 말고[오만 경經], 기꺼이 받아라[기꺼이 경經]. 사회학이 실상법이다 [사회 경經].
이렇게 일체 만물과 만법이 모두 경전임을 잊지 말아야 한다.

내 허물을 파헤쳐 지적하는 스승을 믿고 따라가라.
지적은 내 정신의 치료제다. 지적은 생각의 보물이 묻혀 있는 니르바나 진리의 세계로 내 정신의 허기를 이끌어 주는 위대한 스승이다.

용서란
더러운 자리를 닦고 앉기

상대의 허물을 모두 들춰내지 말라.

인간은 누구나 실수를 저지른다. 그 실수를 수시로 고쳐 가며 나와 다른 사람을 용서하는 게 인간이다. 남을 용서하되, 잊지는 못하겠다면 그것은 진정한 용서가 아니다. 용서란 허물의 자리를 깨끗이 닦고 내가 다시 그 자리에 앉는 것이다.

인因은 결과를 부르는 직접적인 원인이고, 연緣은 인因을 도와 결과를 낳는 간접적인 원인이다. 이 인연因緣은 자연적인 인간관계를 뜻한다. 관계의 관계를 이어가다 보면 끊어질 수도 있고, 엉킬 수도 있고, 멈출 수도 있다.

그럴 때 부처님께서는,

"돌이켜 봐라."

"뉘우쳐라."

"가르침으로 깨우쳐라."고 했다. 이게 참회懺悔이다. 이 말씀에는 오직 그저 뉘우칠 뿐, 용서란 단어가 없다. 부처님 법에는 누가 잘하고 누가 잘못했으며, 누구를 용서하라는 그런 분별법이 없다.

대자연의 법을 보라. 잘못은 자연적인 현상이다. 새싹들 하나하나는 오직 자기 자리에서 자기를 희생시키며 세상에 빛을 내기 위해 존재한다. 바람이 불면 부는 대로 그 방향에 따라 서로가 같이 쓰러진다. 비가 오면 비가 오는 대로, 눈이 오면 눈이 오는 대로 서로 잡아주면서 자연의 현상을 그대로 다 받아들이며 역경을 넘긴다. 이렇게 시련과 역경을 이겨내야 열매를 튼실하게 맺을 수 있다.
봄 가뭄과 여름 장마를 이겨내고 차가운 서리와 매서운 폭풍마저도 버텨내는 초목들을 보라. 한겨울 삭풍 앞에서도 안간힘을 쓰며 끝까지 나뭇가지를 붙잡고 매달려있지 않는가? 저 위대한 자연 앞에 우리는 절로 머리를 숙일 수밖에 없다.

벼는 익어갈수록 머리를 숙인다.

이 말에는 자연은 자기 할 일을 말없이 묵묵히 해낸다는 뜻이 담겨있다. 자기 할 일을 묵묵히 하는 사람에게는 남의 허물이 보이지 않는다. 자기 할 일을 못했거나 안 하고 있으면, 네 할 일이나 제대로 잘 하라고 사람 경전이 찾아온다. 내 앞의 사람으로 인해 보이는 허물이 바로 나의 꼴이다. 자연의 방편설법인 것이다.

하지만 많은 사람들이 그 뜻을 모르고 남 탓만 하고 서로를 원망한다. 함께 서로의 허물을 벗겨내질 못하고, 그렇게 일평생을 허비하면서 다시 악^惡 업장^{業障}으로 윤회^{輪回}하는 꼴을 맞는다.

사람은
자연이 준 선물이다

우리는 누구나 실수를 한다. 실수를 하지 않는 사람은 없다. 그런데도 다른 사람의 실수를 용서하는 데는 인색하기 그지 없다. 잘 생각해보자.

길을 지나가는데 누가 똥을 싸 놨다 쳐보자. 대개의 사람 들은 "누가 여기다 똥을 싸놨냐!"며 별별 소릴 다한다. 그러 나 밭에다 똥을 싸 놨다면 "거름이니 잘 덮어 줘."라고 할 것 이다. 이렇게 우리는 용서의 기준이 제각각이다. 허물과 실 수투성이의 삶을 살고 있는 것이다. 이렇듯 허물을 덮어주 고 실수를 수시로 고쳐가며 살아가는 것이 우리의 삶이다.

오염 속에서 피어난 꽃이
우리 사람 꽃이다.

사람이 화신보살이다. 관세음보살의 화현신^{化現神}으로 지금 내 앞에 경전으로 다가온 나의 시험지가 당신인 것이다.

다른 사람의 실수만 보이는 모순의 시대.

'눈을 가리고 아웅' 하는 시대에 우리는 서로의 모순만을 껴안고 살아가는 것은 아닐까? 지금 바로 행복하게 살기 위해서는 반드시 용서할 수 있는 아량을 키워야 한다. 실수와 용서는 둘이 아니다.

이전 시대를 말법 시대라고 한다면 지금은 상법 미륵시대이다. 21세기 디지털 인공지능 시대이다. 지금은 모순을 밝혀내는 시대로 생각·감정을 움직여야 한다.

사서 고통을 겪는 사람들

내 눈에는 왜 남의 허물이 잘 보일까? 남의 허물이 보이는 것에는 이유가 있다. 남의 허물을 보는 이유를 사유하지 못하기 때문이다. 이런 사람은 어디를 가더라도 드러냄이 많아져서 늘 누구를 가르치려고 든다. 사서 고통을 겪게 되는 것이다.

남의 허물 보는 것에만 익숙하면 자기허물은 절대로 보지 못한다. 죽을 때까지 남의 허물만 들춰내다가 윤회의 수레바퀴 속으로 쑥 이끌려 들어가 늘 고통에서 헤어나지 못하는 삶을 산다.

허물 있는 사람이 유난히 보이거든 자기 꼴을 보는 것으로 여겨야 한다. 내 앞에 사람 경전[사람 경經]이 온 것은 내 꼴이 그러해서 그런 모습으로 나타난 것이다. 이것을 모르고 계속해서 내 생각·감정대로 하려고 들면 어려움은 계속해서 닥쳐오고 고통은 커져만 간다.

훌륭하게 살아가야 할 인생이 성장은커녕 하근기의 낮은 질로만 살다가 세상을 하직하게 되는 것이다. 이렇게 하루하루 허비하면서 살아가고 있는 것이 우리네 현실세계이다.

삶의 질량을 상, 중, 하판으로 나누어본다면, 상판의 질량지식을 갖고 세상을 호령하며 떳떳하게 사는 사람이 있고, 중판의 질량으로 중산층으로 사는 사람, 하판의 질량으로 어렵게 사는 사람들도 있다.

특히 하판의 질량으로 사는 사람들 가운데는 정신 유산이 매우 큰 데도 불구하고, 올바른 가치관을 갖지 못하여 어찌할 바를 모르는 사람들이 많다. 분명 중산층을 거쳐서 상위권으로 올라갈 수 있는 질량을 갖고 있음에도 불구하고 힘들게 살아가는 것이다. 이들 하판의 질량으로 사는 사람들을 상위권으로 끌어 올려줄 수 없다면 이는 개인적으로나 사회적으로나 큰 에너지 손실이다. 그래서 하판의 사람도 일깨워줄 멘토가 필요하다.

상대의 허물이 자꾸 그것도 더 크게 보이는 것은 나와 남이 다르게 보이기 때문이다. 대개는 자신이 조금 더 월등하다고 생각할 때 상대의 허물을 보게 된다. 보통 사람은 그 허물 속에서 허물과 함께 그냥 묻혀서 살아간다.

그러나 조금이라도 공부가 돼서 상판에 있어 보면 아래에 있
는 사람들이 한눈에 들어온다. 높은 기운을 가졌기에 아래
사람을 볼 수 있는 것이다. 낮은 기운을 가진 사람은 자신보
다 높이 있는 사람의 기운을 절대로 볼 수 없다.

물을 보라. 물은 위에서 아래를 보며 흘러내리지 아래에서
위를 보며 흐를 수 없다. 물은 답을 알고 흐른다. 이것이 자
연의 법칙이다.

닥치고 공부해야 하는 이유

남의 허물은 보지만 그 사람의 생각·감정을 올바르게 잡아 주지는 못하는 게 우리네 평범한 사람의 모습이다. 그저 허물을 지적만 할 뿐. 내 부족한 저질의 질량으로 남의 허물만 보았지 제대로 그가 알아차릴 수 있게, 이해할 수 있게, 포용하는 마음으로 풀어주지를 못하는 것이다.
카르마 관찰로 입 닥치고 공부하라는 것도 그 때문이다.

카르마 관찰로 조건 없이 무조건 받아들여라.

내가 조건을 걸지 않아야 조건부로 걸려드는 테스트에 걸리지 않는다. 오직 카르마 관찰을 통해 악과 선을 가려내어 내가 지금 무엇이 잘못돼 상대의 허물만 보이고 제대로 안내할 수 없는지를 명확히 찾아내야 한다. 그래야 나도 풀리고, 상대도 풀려 모두가 행복하게 살아갈 수 있다. 상대의 허물을 감정 상하게 지적만 할 것이 아니라, 상대가 이해할

수 있도록 올바르고 세련되게 꼬집어 주면 모두가 행복해질
수 있다.

카르마 관찰은
내 앞의 상·중·하 등급에 관계없이
특별한 사람까지 모조리 다 풀어내는
능력을 갖춰가는 수행법이다.
이제 카르마 관찰이라는 재료를 준비해 놓았으니,
만들어내는 것은 당신의 손에 달려있다.

내가 기막힌 허물을 갖고 일평생을 산다고 해보자. 늘 그 자
리에서 복장 터지는 인생을 살면서 한 발짝도 못 나간다면
구구단 가운데 2단만 외우다 인생 하직하는 것과 다르지 않
다. 이렇듯 한 맺힌 인생을 살 수야 없지 않은가?

올바른 사람 하나를 만들어내기 위해서는 가정은 물론 국
가·사회적으로 엄청난 에너지가 투자되어야 한다. 사람을
바르게 이끌어 주지 못한다면 개인인 나부터 손실이 크다.
이러한 개인의 손실, 사회적 손실을 줄이기 위해서는 서로
가 깨우쳐주고 올바르게 잡아주는 역할을 스스로 할 수 있
어야 한다. 남 탓, 스승 탓, 지도자만 탓할 것이 아니라 하
루바삐 공부를 해야 한다. 서로의 다름을 존중하며 큰 일꾼

을 길러내야 한다.

우리 사회는 질량이 모두 고급화되기 시작했다. 깨우친 삶으로 살아가야 존경받을 수 있는 사회를 앞두고 있는 것이다. 우리는 모두 참 진리 연구자가 되어야 한다.

네 팔자가
그 따위인 것은
네가 모지리라서 그렇다

갖춰라

신세 한탄

자신에게 기를 넣는 방법을 말법末法이라 했다면 지금은 미륵 시대라고 한다. 본래 종말론終末論이란 없다. 이 말은 우주 대 열반이란 말이다. 카르마 연기법은 불교의 핵심 사상이다. 그렇기 때문에 카르마 연기법을 바르게 이해하지 못하고 말 하는 것은 곧 불교를 바르게 알지 못하고 말하는 것이다.

"내가 전생에 무슨 죄를 많이 지어서 지금 팔자가 이 따위 인가" 하면서 신세 한탄을 하는 경우가 있다. 이것을 '죄'라 고 말하면 안 된다.

이렇게 이해해보자. 고3 수험생이 어떤 수학문제를 풀려고 한다. 이 문제를 풀어내지 못하면 그 다음 단계로 넘어가지 못한다. 수학 문제를 못 풀어냈다고 해서 그것이 그 학생의 업이고 죄인가? 과제물을 지금 내가 풀어내지 못한 것에 불 과하다. 이 다음 단계에서 더 큰 문제가 나올 때 아예 풀 수 없듯이 지금 여기서 연소하지 못했기 때문에 앞으로 더 힘든 문제가 닥쳤을 때 풀어낼 수 없는 것과 같다. 그러니 죄가 아니다.

이것은 내가 질량이 낮은 상태에서 앞으로 더 큰 질량으로 살기 위해 내 자신을 업그레이드 시키면 되는 것이다. '업'이란 품질 좋은 질량으로 내 에너지를 키워 삶을 유지 시키기 위해 문제를 풀어내는 작업이다. 지금까지 이것을 풀어내지 못했기 때문에 사람과 사람 사이에서 월등한 지식 질량을 갖고 살아가지 못했고, 또한 그런 사람과도 인연이 없었던 것이다. 때문에 계속 저급 질량으로만 살아가는 꼴이었던 것이다.

이것은 반복적으로 그 질량과 비슷한 인간관계만 맺게 되어 서로가 풀어주지 못한 것으로 계속 끊임없이 묶여버린 신세가 되는 것이다. 그 자리에 또 머물고 만다.

이것을 어떻게 죄라고 한단 말인가? 너의 질량 부족, 지식부족, 실력부족, 능력부족으로 모자

란 탓으로 인생만 한탄하지 말고 어서 못 풀어 냈던 문제를 풀어내도록 노력하라. 지금 네가 인생을 살아가고 있는 것은 부족한 질량을 풀어 내라고 이 몸뚱어리와 영혼 신을 준 것이다. 그러니 전생前生의 죄라면 죄罪이고! 전생의 업이라면 업業이다. 전생에 업이 없다는 것은 사람이라 할 수 없다는 뜻이다.

지금부터라도 우리가 잘 연소된 삶으로 살아간 다면 이생은 대박이고 전생은 사라진다. 또한 다음 생까지 올100점으로 살다 떠나가니 이 얼마나 홀가분한 것인가. 그러니 이제 '업' 카르마 타령 그만하고, 그 문제를 해결해서 나와 다른 사람을 반드시 행복하게 해주겠다는 일념을 갖고 카르마 관찰을 통해 나를 바꿔 업그레이드 시켜라.

모든 문제를
풀기 위해선

업을 올바로 이해하면 그동안 내가 무지무명으로 헤매면서 이놈의 업장도 확실히 모르고 얼마나 내 팔자와 신세타령만 하고 한평생을 지냈는지 깨닫게 된다. 남을 원망하고 나를 원망하고 조상을 원망하면서 일생을 오로지 탓만 하고 살았음을 깨달을 수 있다. 그러므로 카르마 관찰을 통해 한을 품고 떠난 우리 조상신들을 돌이켜 보고 업의 법칙을 바로 잡아내야 한다.

다시 말하면 전에 자연에서 숙제 내준 걸 못 풀고 죽어서 이게 차츰차츰 공부꺼리로 쌓이는 것이 전생업이다. 이 전생업과 지금 현재의 현생업이 더해져서 예전 학습지와 오늘의 학습지를 전부 다 풀어내야 하니 지금 우리의 머리가 터져나가는 것이다. 이게 자연법이다. 자연과 우주는 우리를 강하게 하기 위해 끊임없이 시험지를 내려서 이것을 넘어가게 하는 것이다. 왜냐하면 우주는 강함은 살리고 약함은 여지

없이 죽이기 때문이다.

자연에서 뛰어노는 얼룩말을 봐라. 먹이 사냥을 위해 나타난 사자를 얼룩말은 이미 기운이 쏴아하고 돌면서 눈치를 챈다. 이때 얼룩말이 어떻게 뛰는가? 정말 죽어라 뛴다. 얼룩말은 사자에게 잡아 먹히지 않기 위해서 평상시 연습을 해 온 것이다. 얼룩말도 죽어라 뛰어야 사자에게 잡히지 않듯이 자연계에서도 우리 인간에게 테스트를 통해서 강한 것은 살리고 약한 것은 여지없이 죽여버리는 것이다.

우리가 눈앞에 떨어진 이 문제를 잘 해결해야 그 다음 더 강해진다. 이것을 계속해서 다 풀어내야지만 무엇이든지 다 풀어내는 인생사가 되는 것이다. 막힘없이 돌아간다는 말이다. 자연은 우리를 강하게 만드는 우리에게 너무나 감사한 존재이다.

내 앞에 닥친 일들이 저 자연과 다를 것은 없다. 내 앞에 인연으로 닥친 모든 것들은 나와 사람 관계로 맺어져 올 인과였던 것으로 모두 자연이란 말이다. 이 업을 제대로 이해했다면 이제 업 타령은 그만하고, 이 문제를 해결하려는 생각이 앞서야 한다. 남 탓할 시간이 없다. 질량을 어서 늘려서 내 앞에 일들을 처리해야 한다.

즉, 나는 현생의 삶에서 모든 문제를 잘 풀어나가는 사람으로 업그레이드 되어야 한다. 그러므로 어서 앞도 뒤도 보지 말고 카르마 관찰을 통해 재주,재능을 부려서 지금 이 테스트를 타고 온 인연의 문제집을 풀어내라. 카르마 관찰이 빨리 풀어낼 수 있게 답까지 주고 있지 않은가.

그렇게 한 문제 한 문제 풀어낼 때마다 그만큼 더 큰 에너지가 들어온다. 네가 그토록 바라던 관운官運, 재운財運, 학운學運, 건강健康, 교우交友, 인연因緣운이 대박 터지는 일이 많아진다.

모르는 죄

그동안 왜 문제를 못 풀어내서 괴로워하고 있는가? 이것이
업이라는 것이다.

죄는 우리들이 잘못 알고 있는 업종자이다. 여기 위험한 핵
이 있다고 쳐보자. 그 핵을 내가 잘못 관리해서 사람을 다
죽였다고 쳐보자. 이것은 내가 전생에 업장이 많아서 이렇
게 된 것인가? 아니다. 질량이 부족해서 이 핵을 다스릴 수
있는 고도의 지식, 질량이 없었기 때문에 그렇게 죽은 것이
다. 이건 죄도 업도 아닌 그냥 모른 것이다. 이것이 무명무
지이다. 이것을 죄와 업이라고 착각한다.

다시 말해서 이것은 업이 많아서 사람을 죽인 것이 아니고,
내가 지식질량이 낮아 이 핵을 잘못 만지고 잘못 다스려서
사람을 죽이게 한 것이다. 이렇게 보면 쌍방 과실처럼 보이
지만, 무지무명에 가리워진 내가 그런 것이다. 그래서 죄도

업도 없다가 답이다.

대박난다는 말은 무엇인가? 현재업이란 전생에 내 앞에 떨어진 카르마 시험지들을 못 풀어내서 계속해서 그 뒤로 시험지들이 추가되어 온 것이다. 이것이 전부 지금 현재 나와 인연된 사람들이다. 이것을 전부 잘 풀어나가면 이게 대박이다.

저 사람과의 인연업과 내 업 모두를 소멸시켰으니 복리이자까지 받은 셈이다. 이때 비로소 대박 난 삶이라고 하는 것이다. 이렇게 대박 나는 삶을 살기 위해서 그동안 문제집과 답안지를 찾기 위해 헤매고 다녔다면 이젠 그럴 필요가 없다. 카르마 관찰에서는 문제와 답이 동시에 나가기 때문에 여기에 있는 것들만 다 풀어내면 대박이다. 내 앞에 떨어진 문제를 좀 더 빨리 해결하려면 지식을 갖춰내고, 진리를 섭수하면 된다.

우리는 해법解法 학습으로 잘 관찰해서 낱낱이 내 카르마를 조사해야 한다. 끊임없이 검토하고 연구研究해서 악습惡習을 선습善習으로 깨달을 수 있게 훈련해야 한다. 즉, 여러 가지 교양과 지식, 상식, 견문, 기술, 지혜가 육신통으로 다 터

져서 통찰력으로 뛰어나와야 한다.

카르마 관찰은 복잡한 지난날의 업의 상황을 잘 해결할 수 있도록 신 패러다임으로 방법제안을 해놓은 천재 시스템이다. 각종 유무선 통신망에도 제공이 되지 않았던 최첨단 지식, 진리, 문화 컨텐츠를 모두 논문화시켜놓은 것이다. 모든 것을 다 에너지로 답을 풀어놓은 것으로 한 사람의 업장 소멸뿐만 아니라 넓게 확장시켜서 가족, 이웃, 국가, 사회, 인류까지 순서대로 모두 다 행복해질 수 있도록 질량을 상근기로 높여준다. 다시 말해서 신지식과 신기술을 통해 본래 자리를 모두 찾아 준다.

뿌린 대로 거둔다

6바라밀 보살도를 닦겠다고 원을 세우는 조직이 우리 **부처님 마을**이다. 주변의 이웃에게 행복을 돌려주자.
"나는 행복합니다."

행위 자체가 근본적으로 중립적이라고 하더라도 인연에 따라 선과 악, 고통과 즐거움의 열매를 맺는다고 한다. 이 법칙은 개인들의 삶의 차이를 설명하는데 도움이 된다. 비슷한 상황에서 살아온 사람들의 삶의 결과가 판이하게 다른 경우도 있다.

착한 사람이 고통을 받고 악한 사람들이 성공하는 것은 현재의 행위뿐만 아니라 과거의 행위까지 결과로 낳은 것이기 때문이다. 이런 의미에서 카르마는 개인과 세계의 질서를 지배하는 도덕 법칙이라고 할 수 있다.

행복을 부르는 카르마 관찰. 카르마Karma란 무엇인가? 카르마는 우리들의 행동을 의미하는 산스크리트어이다. '행하다' '움직이다'라는 말이다. 뉴턴도 이와 비슷한 말을 했다. 일체 행동은 반응을 가져야한다. 카르마 법칙 즉, 업은 내가 뿌린 대로 거두는 것이다. 콩 심은 데 콩이 나지 팥이 나지는 않는다는 말이다. 우리가 대우주와 자연계에 뱉어 놓은 모든 것은 우리에게 고스란히 돌아온다. 우리는 자연과 둘이 아니기 때문이다.

깜마=까르마=업, 다 같은 말이다. 업장이 무엇인가? 어떻게 카르마 업이 진행되는가? 깜마의 업, 루빠의 업, 아루빠의 업은 욕계, 색계, 무색계의 업을 말한다. 모두가 눈알이 뒤집혀진 것이다. 망상에 사견이 더해지면 결과물이 나온다. 살인을 했다⇒업業, 살인자가 됐다⇒보報이고, 도둑질했다⇒업業, 도둑놈이 됐다⇒보報이다.

카르마의 법칙이란? 자업자득을 말한다. 깨달음이란 무엇을 알아야 하는가? 존재의 실상 즉, 나를 먼저 깨달아야 한다. 일체무상諸行無常 법은 항상 함이 없는 것이다. 무상은 곧 자연이고 마음이기 때문이다. 마음도 자연이다. 본래 부처 자리이기 때문이다. 이게 자연이다. 우리의 살아있는 몸 역시 자연에서 왔기에 자연이다. 이 인육을 뒤집어 쓴 몸뚱어리에 나我라고 하는 생명체를 이름하고, 어떻게 연기緣起할 것인가?

자연自然이 준 선물 인육人肉한테 저 자연은 계속 시험지를 내려주는데, 우리는 현상계에 눈이 가려져 잠시 자연이 눈에 보이지 않고 있는 것이다. 이 '살아있다' 라는 생명은 곧 연기이다. 연기는 자연이 나를 묶어놓은 것이다. '이 답을 풀고 나와라. 그래야 자연이 너를 위해 답을 줄 것이니.' 사람을 하나씩 너의 앞에 놔줄 때마다 너의 삶과 그 사람의 삶을 풀어내면 자연이 선물을 준다. 또 풀어내면 좀 더 큰 선물을 준다. 이렇게 계속 연기법 법칙으로 인연을 만들어 주는 것이 자연의 법칙이다.

나를 연소시켜라

연기란 인연의 이치를 말한다. 그것을 풀지 못하면 계속해서 문제를 해결하라고 내 앞에 테스트가 떨어진다. 이것은 끝까지 쫓아와서 죽어서까지 집착신으로 이어진다. 나와 제일 가까운 인연에게 붙어살게 된다. 이러한 집착신은 아주 무서운 이야기이다. 그래서 카르마 관찰을 통해 나를 완전히 연소시켜 살라는 것이다. 나를 연소시키며 살아가니 이 얼마나 가벼운 인생인가.

연기를 풀어내지 못하면 또 추가되어 인연이 풀리지 못한다. 인연을 풀어내지 못하면 또 추가되어 인과에 묶여버리고 만다. 고통과 우비고뇌憂悲苦惱로 비비 꼬인 인생살이가 된다. 다음 생은 그만두고, 현생에서 살다 지옥 속으로 가게 될 때도 눈알이 뒤집힌 상태로 떠나간다. 겹겹

이 쌓여진 중첩귀신重疊鬼神, 책주귀신責主鬼神이 된다
이 말이다.

이 인연이 풀어지면 모든 것을 연소한 삶을 살게
된다. 살아생전 생불 자연인으로 살아가게 되어
자연히 모든 일이 다 풀어진다. 비로소 자연과
한마음이 된 것이다. 그래서 불佛이다. 깨끗하
게 연소되어 살아가는 삶이 된 것이다. 이 얼마
나 가벼운 인생人生인가? 인연생因緣生, 인연멸因緣滅!

대우주든 소우주인 나든 있는 그대로가 우주법
계이다. 이미 이대로가 그대로 그러하고 그러한
자연인 것이다. 이대로, 저대로, 그대로 항상 함
이 없이 여기 지금 이 모습 이대로 여여한 것이
자연이다. 그러니 그 어떤 것도 다 말장난이니
어떤 말에도 속지 말아야 한다.

지금도 네가 네 말 다하고 네 말에 속고 울고 웃
고 하는 것이다. 너를 자세히 보면 원맨쇼 하고
있는 너의 모습을 관찰할 수 있다. 이것을 빨리
알아차려서 저 대자연이 준 이 몸을 잘 컨셉하

여야 한다. 이렇게 현실 세계에 몸 담고 있는 지금이, 자연계에서 엄청난 팁을 준 지금이, 바로 엄청나게 대박 날 기회이다.

카르마 관찰로 모든 에너지를 완전히 연소시켜라. 그리고 문제에 대한 답을 찾고, 자연에 감사해라. 내 앞에 오는 인연이 모두 자연이다. 지금 내 손에 있는 핸드폰도 자연인 것이다. 카르마 관찰 공부를 즐겁게 열심히 하고 있으면 나도 모르게 너무 좋아서 눈물이 펑펑 쏟아져 나온다.

21세기는 미륵시대

21세기는 미륵시대이다. 앞으로 인공지능 시대에서는 다 함께 행복하게 하기 위해 살아가는 사람만 우주의 신이, 자연의 신이, 지구촌의 신이, 신장님의 신이 그리고 부처님이 그에게 가피를 준다.

인공지능 시대에서는 그 무엇보다도 말을 이 시대에 맞춤형으로 또는 신지식으로 딱 갖춰놔야 한다. 나와 인연 된 사람의 마음을 잘 만져주고 그 사람이 앞으로 잘 살아갈 수 있게 생각 · 감정을 이해시켜주는 사람만이 크게 빛을 보는 시대이다.

정신의 암은 세균으로 시작된다. 말법이니, 상법이니, 하법이니, 선천시대니, 후천시대니, 정기니, 말기니 하는 말들에 속지 말고. 내가 내 자리에서 내 말과 행동으로 진실되게 실천하면 우주의 기운을 받아, 우주를 끌 수 있는 기운의 운영권이 너에게 넘어간다.

모든 에너지가 이렇게 바뀌는 시대를 일러 '미륵부처님 시대'라고 한다. 이 시대는 지식과 진리의 감정사가 올바른 분별을 해서 서로 공유공생하며 살아가는 시대이다.

어제까지 모르고 살았다면 지금 여기서부터 나눔의 생각·감정으로 전환해라. 내 앞에 오는 모든 지식들은 그게 무엇이든 다 받아서 내 지식의 폭을 넓혀라. 그것이 감정기복을 사라지게 하는 것이다. 지식의 질량이 적으면 용량이 부족해서 꽉 막힌 사고에 갇혀 오도 가도 못한 삶을 살게 된다. 그러므로 상, 중, 하 특수 질량까지 모조리 다 갖춰라.

눈 먼
거북이들아

정신 좀 차려라!

보여 지는 삶은
고통스럽다

한 사람이 그냥 다른 사람의 뒤에 줄을 선다. 또 다른 사람
도 이유를 묻지 않고 그 뒤에 또 줄을 선다. 그렇게 많은 사
람들이 그저 자기 앞의 사람들이 줄을 서 있다는 이유로 긴
줄을 만든다. 그리고 맨 앞에 있는 사람이 춤을 추면, 뒤에
선 사람들도 따라서 춤을 춘다. 이렇게 한바탕 춤판이 벌어
진다. 내가 왜 이 춤을 춰야 하는지도 모른 채 앞사람을 따
라하는 것이다. 사람의 맹목성盲目性에 대해 실험을 한 프로그
램의 이야기이다.

한 다큐멘터리 채널에서는 쥐들이 떼 지어 가다가 선두에 선
쥐가 강물로 뛰어들어 빠져 죽었는데도, 나머지 쥐들은 영
문도 모른 채 뒤따라 빠져 죽는 모습이 방영되기도 했었다.
그런 쥐들의 삶과 우리 인간의 삶은 무엇이 다를까? 사람은
남이 하는 걸 따라하는 성향이 있다. 다른 많은 사람들이 하
는 게 안정돼 보이기 때문이다.

저 사람도 하는 데 나만 빠지면
무언가 내가 잘못된 것 같은
강박관념에 사로잡혀서,
저걸 내가 왜 해야 하는지에 대해서는
의문도 갖지 않는다.

남들이 뭘 해서 좋아졌다고 하면, 나도 저렇게 하면 좋아질 것이라는 착각에 빠져 그들을 좇아 맹목적으로 따라 한다. 인간은 아무리 돈이 많고 땅이 많아도 만족을 모른다. 돈에 대한 갈증, 권력과 명예에 대한 갈증은 그저 더 많은 돈과 더 높은 자리만 있으면 그것이 더 행복할 것이라는 착각을 가져오고, 그것을 이루기 위해 노력한다.

그러나 알고 보면 이 모든 것이 남들에게 보이기 위한 허상에 불과하다. 남들에게 보이기 위해 에너지를 과도하게 쓴 사람들은 나를 나타냄이 너무나 지나쳐 끝내는 탄식하고 통곡할 일이 찾아온다는 사실을 기억해야 한다.

맹구우목

깊은 바다 속에 눈먼 거북이가 있다. 이 거북이는 100년에 한 번 물 위로 떠오르는데, 그때 마침 바다 위를 떠다니던 구멍 뚫린 널빤지가 있어서 간신히 그 구멍으로 머리를 내밀어 물 밖 세상을 보게 된다. 부처님의 가르침을 만나기가 그만큼 어렵다는 것을 말해 주는 맹구우목盲龜遇木이라는 불교 우화이다. 불법을 만남으로서 해서 지혜의 눈을 뜨고 힘겨운 인과를 벗어나서 살아가는 것을 표현한 말이기도 하다.

우리 인간의 삶은 저 거북이와 얼마나 다를까? 맹구우목盲龜遇木은 단지 수천 년 전에 부처님이 들려 준 우화로 끝낼 이야기가 아니다. 지금 이 시대에도 저와 같은 인간들이 얼마나 많은가.

당신과 나는 100년에 한 번 모가지를
내밀고
얼떨결에 세상을 바라보는
저 거북이와 얼마나 다른가?

이 시대는 눈을 부릅뜨고 살아가도 부족한 세
상이다. 눈을 부릅뜨고 살아도 갈증이 해소되
지 않아서 미치는 세상이다.

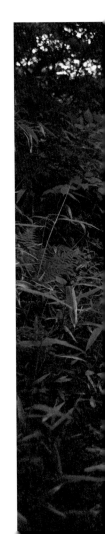

오늘날은 지식 질량이 풍부해도 늘 정신의 허
기가 지는 세상이다. 누가 나를 좀 알아차릴
수 있도록 생각정리를 해서 이해되게 풀어 달
라, 가르침을 달라고 울부짖는 소리가 여기저
기에서 들리지 않는가. 그럼에도 서로를 풀어
줄 수 있는 힘, 즉 내공의 힘이 없는 까닭에 이
소리를 듣지 못한다. 지식은 가득 차 있지만
진리의 힘이 모자라기 때문에 내 앞에 온 사람
의 생각을 정리해서 풀어줄 수가 없는 경우가
너무도 많다. 하루빨리 일반지식을 올바른 분
별심으로 구체화시켜서 그 누가 보더라도 "우
와. 저것은 맞는 말이야!" 할 수 있도록 해야

한다. 그리고 진리의 힘을 알아차려서 '진정한 나란 무엇인가?' 이 물음에 대한 답을 누구한테나 전할 수 있어야 한다.

그래야 이 맹목성에서 벗어날 수 있다. 이제 저 자연의 부름, 저 자연의 소리에 귀를 기울이고, 저 울림을 받아야 한다. 그리고 일체 중생과 함께 하겠다는 서원을 세워야 한다. 그러할 때 맹목에 눈이 먼 행동이 줄어들 것이며 모두 함께 잘 사는 사회, 동방에 해가 뜨는 것과 같은 영광을 맛볼 수 있다.

맹목성에서 벗어날 때 나와 남이 모두 행복해지는 길, 즉 자타가 일시에 성불의 길로 접어들 수 있다. 눈이 먼 거북이 같은 맹신자들은 어서 제자리를 찾아 공부해야 한다. 수행을 통해 큰 에너지 질량을 갖춰야 한다. 그리고 그 힘을 써야 한다. 의심하지 말라. "이거다!" 싶거든 일단 받아들여라. 일단 받아들이고 해 본 다음, 안 해도 늦지 않는다.

부족함을 채우다 보면

"나는 여전히 부족하다."는 생각으로 늘 겸손해라. 스스로를 잘났다고, 특별하다고 생각하지 마라. 특별하다고 생각하는 만큼 특별한 사람이 나를 더욱 특별하게 괴롭힐 일이 온다. 현실을 부정하지 말고, 남 탓하지 말고, 있는 그 자리에서 무명과 무지로 가려진 나의 부족함을 채워라. 내가 실력을 갖추었을 때 나보다 더 에너지 좋은 사람이 나를 필요로 하는 일이 벌어진다.

진정한 스펙은 이렇게 쌓이는 것이다. 내가 유능하다고 내입으로 말하지 않더라도 남들이 인정하고 칭찬하고 남들로부터 신뢰를 얻게 되는 일들이 자연히 찾아온다.

새로움을 거부하지 말라.

인정받고 싶다는 생각, 칭찬받고 싶다는 생각에만 사로잡힌 채 내적 계발이 없다면 그의 앞날은 불을 보듯 뻔하다.

내 마음의 계발을 위해서라면 무엇이든지 받아들여라. 들어 오기도 전에 거부부터 하면 당신 앞에는 늘 테스트가 떨어 진다. 당신과 똑같은 놈이 떨어지면 다행인데, 당신보다 더 업그레이드 된 놈이 당신 앞에 주어진다. 이게 자연계의 운 영 방식이다.

다시 말해서 큰 놈을 피해 저쪽으로 가면, 더 모질고 독한 놈이 그곳에서 당신을 기다린다. 정신 차려야 할 일이다. 일체의 의심을 내려놓고, 탐욕도 던져 버리고 자연스럽게 내 앞에 온 외부 환경을 모두 흡수하고 받아들여라. 그리 고 모든 사람을 존중하고 받아들여라. 손익계산은 나중에 해도 된다.

지식 밥 먹고
체한 것

불교로 뚫어라

인공지능 로봇과
겨루는 시대

인류는 수만 년의 역사 속에서 문맹에서 문명으로 급물살을 타고 농업시대, 산업시대, 정보화시대를 거쳐 마침내 '인공지능 로봇'과 싸워야 하는 인공지능AI, artificial intelligence 시대에 이르렀다. 뿐만 아니라 3차 산업혁명을 기반으로 한 디지털과 바이오산업, 물리학 등의 모든 경계를 융합하여 보이지 않는 세계까지 알아차리는 4차 산업혁명을 맞이하고 있다. 이러한 시대를 맞서 우리 인간은 무엇을 어떻게 해야 할까.

이 물음에 대한 답은 '나는 누구인가?'를 생각하는 것에서 시작되어야 한다. '나는 누구인가'를 통해 새로운 패러다임에 맞서는 아이디어가 내 내면에서 창출되어야 한다. 그래야 인공지능이라는 물질문명과 싸워 이길 수 있다. 즉, 내 것을 만들어야 하는 시대가 도래한 것이다.

생각해 보면 부처님은 2,500년 전에 지금의 이런 시대를 전부다 미리 견적을 내놓고 있었다. 내가 나를 깨우쳐야 하는 시대, 다시 말해서 21세기 미륵시대가 도래할 것을 예고했으며, 지금이 바로 그 시대인 것이다.

부처님은 2,500년 전에
이미 철학과 과학이 공유되고 공생하는
'World-Wide-Web' 시대를 예견하고
인드라망 안에 모든 철학과 과학을
하나로 믹스했다.

인공지능은 우리의 상상을 초월할 정도로 스스로 생각해서 대화하는 능력, 다시 말해 인간과 같은 자아의식을 가진 수

준에까지 다다르고 있다. 미래학자들은 2029년이면 아예 인간을 넘어선 인공지능을 가진 로봇들이 대거 탄생할 것이라고 예언한다. 이러한 인공지능 로봇들은 의사보다도 더 정확히 질병을 진단할 것이고, 엄청난 의학지식 자료를 축적함으로써 어마어마한 의료혁명을 일으킬 것이다. 인간만이 할 수 있다고 생각했던 모든 일들을 로봇들이 더 빠르고 정확하게 처리해 나갈 날도 멀지 않았다.

이러한 인공지능 로봇에 맞서기 위해서 우리 인간들은 또 다른 방법으로 내 자신을 찾아 새로운 아이디어를 탄생시켜야 한다. 즉 내 존엄성을 찾아내야 한다. 그 방법론을 제시해 줄 수 있는 사상은 우리 불교뿐이다.

불교는 카르마 관찰을 통해 자연스럽게 지혜와 지능이 터질 수 있도록 내공을 길러주는 진리·지식을 갖추고 있다. 카르마 관찰은 인간 본성을 자연스럽게 회복시켜 주는 것을 주목적으로 한다. 즉, 자연과학의 순리 그대로를 올바르게 바라보는 카르마 관찰은 인공지능시대를 맞설 수 있는 우리 불교만의 가르침이다.

시간이 없다

선불교에서는 '태어나기 전, 나의 본래 모습을 무엇인가?'를 묻는 '부모미생전 본래면목父母未生前 本来面目'이란 화두를 즐겨 말한다.

즉, '나는 누구인가?'라는 물음이다. 이에 대한 답을 찾아주는 것은 오직 카르마 관찰뿐이다. 카르마 관찰을 통해 먼저 선업의 씨앗을 갖춰야 그 갖춰진 씨앗을 밖으로 가지고 나올 수 있다. 그리고 이 씨앗을 다른 사람과 서로 공유하며 진정한 자연인으로 웹 시대에 행복하게 살아갈 수 있다.

이것은 초자연신과 한마음이 되는 것이다. 카르마 관찰로 진리와 지식을 갖춰내는 것이다. 이런 근본적인 질문에 대한 답을 찾지 못한 채, 헤매는 사람들이 얼마나 많은가? 제 아무리 과학이 발달하고 4차 혁명기가 도래했다고 해도 현재의 인류는 미래를 예측할 수 없는 초 불확실성 시대를 살고 있다. 어느 방향으로 갈지 이정표조차 세우지 못한 채 밤

길만 헤매고 있는 모습이다.

불확실성 시대일수록
모두를 행복으로 이끌어 줄 수 있는
멘토가 필요하다.
'나는 누구인가?'라는 이 물음에
빨리 답을 찾아야 하는 까닭이 여기에 있다.

우리 모두는 진리·지식을 신 패러다임으로 갖춰 불교스피
치를 완벽하게 타파해야 한다. 그래야 나와 더불어 이웃 모
두가 행복하게 살아갈 수 있도록 빛나는 멘토, 나아가서는
인공지능을 리더하는 멘토로 거듭날 수 있다.

21세기의 첫날이 열린 2000년 1월 1일 이래 18년의 시간이 흘렀다. 부처님은 그동안 인류에게 진리·지식을 주기 위해 자연의 시간을 18년이나 주었지만 우리는 지식과 질량을 너무나 넘치게 받아서 오히려 체하고 말았다. 너무나 오랜 시간을 소화기능이 멈춘 줄도 모르고, 지식이란 밥을 꾸역꾸역 받아먹기만 했다. 그리고 결국엔 체해 버렸다. 지식이라는 밥이 목까지 차서 뇌는 기능을 상실했고 모두가 술에 취한 것처럼 제정신이 아니게 됐다.

현대는 모든 사람이 본래 정신을 되찾을 수 있게끔 속 시원히 풀어주고 맥을 잡아 올바르게 나아갈 수 있도록 다리를 놓아주는 멘토가 필요한 시대이다. 2018년은 미륵시대, 부처님의 대 만다라화가 피어나는 시대가 도래하는 해이다. 불교가 꽃을 피울 수 있는 기회가 온 것이다.

미륵의 시대는 올바르게 수행 정진해온 대중이 반드시 대자연의 기운을 받아 화엄의 빛, 법신불의 원만한 광명을 받는 시대이다. 천백억화신불의 장엄함이 인류를 비출 것이고, 모든 사람이 부처님의 진리 속에서 참 나를 깨닫고 자기 안의 자성불을 찾아 행복의 길로 나아갈 것이다.

꽃 중의 꽃은 사람,
사람이 부처

입버릇처럼 말법이니 상법이니 하며 우리가 살고 있는 이 시대를 오탁악세라고 떠들던 분들은 반성해야 한다. 이러한 말을 만든 사람은 누구이며, 그 말에 속아 넘어간 사람은 누구인가? 이 모두가 내 자리에서 공부를 제대로 못한 탓이다.

모든 집착에서 벗어나 나를 깨우쳐서
나와 남이 일시에 행복하게 살다가
다시 우리의 자연계로 돌아가자는
깊은 메시지를 전하는 것이 불교 수행법이다.

부처님은 인류가 존재한 이래 가장 위대한 분이다. 모든 어려움을 뚫고 나를 이겨낸 분이기 때문이다. 그러한 부처님은 자신이 신격화 되는 것을 원치 않았다. 불교가 창조주를 모시지 않고 초월적인 절대자가 없는 종교인 것도 이 때문이다. 다른 종교가 절대자인 신에 의지하여 이루어지는 것과 달리 불교는 오히려 그런 집착까지도 놓아 버리라는 가르침을 강조한다.

신으로부터의 완전한 해방, 깨달음이라는 최후의 목표까지도 마음에 담지 말라 가르치는 종교가 불교이다. 그렇기에 세계 유수의 미래학자들이 증언하고 있는 것이다. 불교는 역사상 과학, 철학, 진리는 물론이고 문화, 예술 등 어느 한 곳도 흠잡아 낼 곳이 없다고.

부처님은 말씀하셨다.
"어제도 화엄 꽃, 지금도 화엄 꽃, 내일도 화엄 꽃!"
다시 말해서 "꽃 중의 꽃은 사람 꽃이요, 사람이 곧 부처"라고 했다.

사람이 발 딛고 있는 이 땅이 곧 불국토이며 파라다이스인 것이다. 달리 어디에서 천국을 찾을 것인가? 천국을 만드는 이도 나요, 불국토로 가꾸어 나가야 할 사람도 바로 나다.

3. 겸손
모가지 바짝 들어봐라.
100% 너만 손해다

| 겸손도 지나치면 아만 | 거짓 겸손은 고통을 부른다
| 나도 모르는 주제에 누구를 돕나 | 깨닫기 전에는 규칙을 정해야

4. 단순
나는 어떤 모습으로 죽을 것인가?

| 올바른 삶의 기준 | 대박 날 좋은 기회 | 단순해져라

5. 화, 땡깡!
알면 풀기도 쉽다

| 화도 연습이 필요하다 | 나를 낮추면 분노도 낮아진다
| 진짜 수행은 사람 공부에서 | 영혼의 질량을 채워라

6. 돈
쫓아갈 것인가, 따르게 할 것인가

| 집착하면 도망간다 | 자기 그릇만큼 번다 | 돈이 지나가도 모른다
| 돈을 이기는 방법 | 새로운 나를 만들어라

뇌가
살아야

내가
살아난다

갇힌 뇌를 깨우자

기억력 메커니즘mechanism의 중심에는 뇌가 자리한다. 뇌는 외부로부터 받아들이는 온갖 자료를 축적하고 선별하며, 출력해내는 기억창고이다. 하지만 두개골이라는 감옥 속에 갇혀 바깥세상을 직접 볼 수 없어서인지, 뇌는 잘 속아 넘어가는 속성을 가지고 있는 죄 많은 죄인이다.

뇌의 중심에는 '해마'라는 것이 딱 자리 잡고 있다. 해마는 기억을 담당하는 중추신경 역할을 한다. 뇌의 양쪽 측두엽에 각각 존재하는 해마는 새로운 정보를 기억, 정리, 저장해서 내가 원하는 것을 인식하여 수행하는 역할을 한다. 외부에서 받은 정보를 저장했다가 언제 어디서나 꺼내 쓸 수 있는 저장창고 역할을 하는 것인데, 장기적으로 저장할 것인가 단기적으로 저장할 것인가를 결정하기도 한다. 다시 말해서 예전에 내가 생각·감정으로 잘 저장했던 정보들 위로 다른 정보가 들어오면 이걸 잘 편집해서 내놓는 것도 이 해마가 하는 것이다.

뇌에 지속적이고 광범위한 영향을 끼치는 것으로 해마보다도 더 중요한 역할을 담당하는 것으로는 편도체가 있다. 편도체는 이목구비로 받아들이는 생각·감정을 다스리는 작업을 하는데, 이런 편도체의 가장 큰 취약점이 바로 '두려움'이다. 편도체는 두려움을 느끼는 순간 신경이 곤두세워지며 미칠 것 같은 두려움을 학습하게 된다.

외부로부터의 자극에 의한 인식 작용은 눈⇒편도체⇒해마⇒뇌 순으로 전달된다. 눈에 비춰진 피사체는 편도체를 거쳐 해마로, 해마에서 뇌로 전달되는 네트워크 구조를 갖추고 있는 것이다. 예를 들어 어떠한 큰 두려움을 보고 '내가 죽을 수도 있겠구나.'라는 생각이 일어난다 할지라도, 편도체가 막혀 버리면 해마까지 전달이 되지 않는다. 두려움을 보고도 두려움을 모르게 되는 것이다.

기억을 잘 유지하려면
이러한 뇌의 구조를 정확히 알고,
스트레스를 잘 관리해야 한다.

뇌는 본질적으로 외부 충격에 잘 속아 넘어가
는 속성을 지니고 있다. 불량 난 뇌가 많은 것
도 이 때문인데, 그럴수록 뇌를 속여서 카르
마를 업그레이드 시켜야 한다. 그러기 위해서
는 나의 뇌가 무엇에 속고 있는지를 정확히 알
아야 하는데, 그것을 알아차리는 가장 빠르고
정확한 방법이 카르마 관찰이다.

카르마 관찰로 편도체와 전전두엽의 관리능력
을 키우면, 뇌의 모든 세포들이 자극되어 활
발하게 움직이면서, 충격으로 세뇌 당한 뇌를
다시 되살려 낸다. 현대인이 가장 두려워하는
혈관성 치매와 뇌졸중, 당뇨 등을 예방하는
데 있어서도 카르마 관찰이 그만큼 효과적이
란 이야기이다.

모든 병의 근원은 한 생각이 잘못 고정되어 전

체 혈이 막히는 데에서 생긴다. 잘못된 한 생각이 여러 가지 정신장애와 육체장애를 만드는 것이다. 이때 잘못된 생각이란 스트레스로부터 비롯된다. 스트레스란 풀리지 않는 문제를 해결하지 못해서 정신세계가 비비 꼬였을 때 일어나는 현상이다.

이것들을 잘 다스리기 위해서
필요한 수행이 '21초 명상'이다.
단 한순간만이라도 뇌를 속이는 몰입,
21초 명상은 나의 뇌를 속이는 작업이다.

스트레스와 노이로제가 강력하면 강력할수록 불량 난 자아는 더욱 더 불량품이 될 수밖에 없다. 이런 현상이 계속 누적되어 온 것을 '중첩됐다'고 하는 데, 우리는 이걸 모르고 살고 있다. 이때에는 제 아무리 외우고 공부를 하고 수행을 한다고 해도 되는 일이 하나도 없다. 내 안의 스트레스를 제거하는 것, 속된 말로 내 정신의 찌꺼기를 빼내는 것 말고는 아무것도 소용이 없다.

뇌를 살려라

어른, 아이 할 것 없이 쓰면 쓸수록 자극받아 똑똑해지는 것이 인간의 뇌이다. 그러나 뇌의 신경망이 잘못 연결되어 있다면 어떻게 될까? 카르마 관찰은 잘못된 뇌의 선로를 올바르게 연결하는 가장 효과적인 수행법이다. 카르마 관찰을 통해 뇌 속에 진리·지식을 주입시키면 호르몬 중에 '다이돌핀'이라는 행복 호르몬이 폭발적으로 증가하여 죽어있던 뇌를 되살리는 것이다.

건강한 삶을 위해서는 육신을 통해 밥을 잘 먹는 것이 최우선이지만, 그보다 더 중요한 것은 뇌를 활성화시키는 다이돌핀 에너지를 공급해 주는 일이다. 모든 스트레스를 이겨내고 암세포조차 물리친다는 엔돌핀보다 무려 4천배의 효과가 있다는 다이돌핀은 감동을 받을 때 생겨난다고 한다. 스트레스로 수축된 뇌, 두려움에 속아 두려움에 빠져있는 뇌를 재생시키는 가장 효과적인 치유제가 바로 다이돌핀이다.

뇌를 되살리는 최고의 치유제는
감동하는 마음이다.

다이돌핀이 우리 몸에서 가장 많이 생산될 때는 사람의 마
음을 초월해서 감동 받을 때이다. 특히 내가 어려움에 처해
있을 때, 전혀 알지 못했던 새로운 진리를 깨달음으로써 그
힘든 상황을 이겨냈을 때 우리 몸에서는 어마어마한 다이돌
핀이 생산된다. 이른바 역경지수(AQ지수)가 충만함으로써
행복 호르몬이 터져 나오는 것이다. 이때가 되면 유전자가

활성화되면서 그동안 잠자고 있던 엔돌핀이나 도파민, 세라토닉이라는 인체에 이로운 호르몬들이 함께 터져 나온다.

그렇다면 역경을 이겨내는 힘은 어디에서 오는가?

내 안에 낀 먹구름을 걷어낼 때, 카르마 관찰을 통해 진리를 보고 내공의 힘을 키웠을 때 내면에 기적이 일어난다. 나 스스로 역경을 딛고 일어설 준비가 갖춰지는 것이다. 부처님의 가르침은 이렇듯 행복을 가저오는 훌륭한 스승이다. '21초 명상'은 '긍정적인 21초 몰입'으로 역경지수(AQ지수)를 극대화시키는 수행이다. 암을 공격해 암까지도 굴복시키는 면역력에 매우 강력한 수행이 바로 '21초 명상'이다.

뇌를 밝혀라

기억은 뇌에 있는 신경세포인 뉴런이 담당한다. 신경전달 물질로 이뤄진 100억 개의 뉴런은 하나하나가 1만개 정도의 빛을 만들어낸다. 이 뉴런이 시냅스로 빛을 보낼 때 약 1000조 개의 빛을 쏘아낸다. 이렇게 신경전달 물질이 시냅스를 타고 빛을 발산하면 천연 마약과 다름없는 도파민, 노루, 아드레날린 등이 낮에 받았던 정보를 기억해낸다.

마치 찰흙 위에 손바닥을 꽝 치면 손자국이 찰흙에 찍히듯이 낮 동안의 일들이 해마에 기억되는 것이다. 시냅스 한 알갱이 한 알갱이가 형성되면서 낮에 몰입했던 과제물, 즉 여러 가지 피드백을 받은 정보가 잠을 자는 동안 해마에 저장된다. 여기에서 중요한 점은 잠을 푹 자야만 해마가 잘 작용된다는 점이다. 잠을 안 자면 시냅스에서 빛이 나올 수 없기 때문이다. 시냅스에 빛을 밝히고 잘 연결하려면 잠을 잘 자야 한다.

이 빛의 연결이 기억이다.
이 빛을 잘 연결해서 빛이 끊어지지 않고
뚜렷하게 나타나야 기억을 잘할 수 있다.

이렇게 저장된 정보는 전전두엽으로 전달되어 법신불, 보신불로 동시에 내 몸에 저장되어 낮이 되면 화신불로 나타나 현실적으로 작용하게 된다. 내 안에 갖춰진 진리·지식의 질량이 충만해지면서 빛으로 전달되어 천백억화신불이 내 시냅스에 늘 켜지게 되는 것이다. 즉, 내 뇌가 늘 몰입한 상태에 이르게 됐다는 것을 뜻한다.

뇌는 거짓 현상에 잘 속아 넘어가지만 지속적인 착한 거짓말에도 너무나 잘 속아 넘어간다. 뇌는 세상을 있는 그대로 볼 줄을 모른다. 그만큼 나의 뇌는 착한 거짓말에 늘 당하고 산다.

피곤할 때 잠깐씩 선잠을 자는 것도 뇌 몰입 상태를 매우 효과적으로 만든다. 착한 거짓말로 뇌를 속이는 것이다. 카르마 관찰을 통한 21초 의도적 몰입은 이렇듯 좋은 의도로 나의 뇌를 속이는 가장 효율적인 수행법이다.

며칠 굶은
개처럼

다 받아먹고
흡수해라

무조건 받아들여라

한 방울의 물에도 천지의 은혜가 스며있고,
한 톨의 곡식에도 만인의 노고가 담겨있으니,
은혜로운 이 음식으로 몸과 마음을 길러
바르게 살겠습니다.

절집에서 음식을 먹기 전 외우는 공양기도문의 한 구절이
다. 절집이 아니더라도 밥을 먹을 때 "잘 먹겠습니다."라고
인사하는 모습을 흔히 볼 수 있다. 밥을 먹을 수 있음에 늘
감사한 마음을 가질 때 밥도 우리 몸에 흡수가 잘 된다. 이
왕 먹는 밥 감사한 마음으로 먹을 때 더 이로운 에너지를 더
얻을 수 있는 것이다.

아프면 약을 먹는다. 한약을 먹을 때면 정성스럽게 먹어야
한다는 당부가 꼭 따른다. 약은 정성을 다해 먹어야 우리 몸
에 흡수가 잘되고 약효가 배가된다는 선조들의 지혜가 담긴
말이다. 약을 먹어도 체내에 흡수되는 시간과 약효가 지속

되는 시간이 있다. 약의 효능을 얻기 위해서는 복용시간을 제때 지키는 것이 중요하다.

몸이 허약해져서 좋은 한약을 특별이 주문하여 비싼 돈을 들여서 약을 지어 먹었는데 제대로 내 몸에 흡수가 안 된다면 이건 정말 꽝 아닌가?

약효가 제대로 발효되려면 먼저 내 정신을 쉬게 하여 깨끗한 몸에 기혈을 보충해 줘야 한다. 어떤 이유가 됐든 내 몸이 약을 제대로 못 받아들이고 계속 거부한다면, 빠른 회복을 바라는 것은 사치이다.

카르마 100일은 내일의 행복을 위한 약이다.

내일의 행복을 위해선 나의 잘못된 기운을 바로 잡아야 한다. 나의 정신 건강을 위해, 나의 미래를 위해, 지금보다 더 행복한 나를 위해 100일 동안 나를 관찰하며 기도를 하는 것이 카르마 100일의 요체이다.

"오늘 지금 할 일을 내일로 미루지 마라."
미국 하버드대학 도서관에 걸린 글이다. 당신이 부족함을 느낀다면 지금 바로 채워 넣어라. 먹을 수 있는 것은 다 받아먹고 움직여라. 고통은 잠시뿐이다. 당장의 고통이 두려워서 피한다면 영원히 후회할지도 모른다.

"나는 왜 그때 받아들이지 못하고 아직까지도 괴로워할까? 카르마 관찰로도 내가 나를 정복하지 못했는데, 내가 삶에서 무엇을 얻을 수 있겠는가?"

그때 가서 후회한들 무슨 소용인가.

인생의 성공을 원한다면 정신감정을 더 부지런하게 작동시켜야 한다.

카르마 100일은 정신감정의 시작이며 끝이다.

겸손이 가장 센 힘이다

인생은 짧은데 시간은 잠시도 멈추지 않는다. 며칠 굶은 개처럼 허겁지겁 핥아서 다 받아먹고 흡수해야 하는 까닭이 여기에 있다. 지금의 삶에 만족할 수 없다면 된밥, 찬밥 가려 먹을 때가 아니다.

진리와 지식을 조건 없이 다 받아들여 온몸으로 흡수해야 한다.

달리 표현하면 겸손해야 한다는 것이다.

겸손한 사람에게는 부처님의 지혜가 저절로 나온다.

겸손한 사람보다 힘이 센 사람은 없다. 겸손한 사람은 자기 자신을 떠나서 모든 사람과 함께하려는 사람이다. 진정한 겸손이란 무엇인가? 늘 낮은 자리에서 주변 사람들을 편안하게 해주려는 마음이다. 다른 사람에게 도움을 청할 줄 알고, 늘 배우는 마음으로 살아가는 것이다. 교만은 덕을 잃게 하고, 건강을 잃게 하며, 참된 삶을 잃게 한다.

명심하라.
지금 이 시간은 내일 다시 오지 않는다.
오직 부처님 진리만이 에너지요,
당신이 원하는 일체가 해결되는 길이다.

카르마 관찰을 통해 공부를 하다 보면 빠져야 할 건 다 빠져나가서 내 정신감정이 비로소 제자리를 찾게 된다. 진정한 영양 섭취가 가능한 몸이 되는 것이다. 인생은 짧다. 조속히 내공의 힘을 길러야 한다. 이유를 달지 말고 흡수해라. 있는 그대로 받아들여라.

지금 이 순간에도 보이지 않는 적들은 저 커튼 속에서 당신을 지켜보고 있다. 당신이 알지 못하는 몰래카메라들이 쉴 새 없이 찍어대고 있다는 사실을 바로 알아라. 적들의 책장은 밤이고 낮이고 없이 계속 넘어간다는 사실을 잊지 마라. 눈알에 불을 켜고 정신의 눈을 떠서 모두 다 흡수하라는 말이다. 그러면 당신의 앞날에도 눈이 트인다.

눈을 똑바로 뜨고 면밀히 관찰해서 통찰력을 갖춰라. 일체 모든 에너지는 다른 사람들이 잠을 잘 때 이뤄진다. 어떤 일들은 내가 잠자는 동안 들어오고 나가기 때문이다. 모든 병

또한 그렇다. 잠을 자되 늘 정신은 깨어있어야 하는 이유가
여기에 있다.

노력 없는 대가는 바라지도 마라. 아무 목적과 목표도 없이
오늘을 살았다면 내일은 죽어라 뛰어도 불량자아는 고쳐지
지 않는다. 내 스스로 할 일을 하고 나서, 신장님이든 부처
님이든 도움을 청해야 도움을 받을 수 있다.

카르마 관찰은
부족한 진리 지식을 채우는 수행이다.

카르마 관찰은 나의 부족함을 올바른 방법으로 타파하고 미
래의 행복에 투자하는 지름길이다. 실천과 노력은 절대 헛
되이 사라지지 않는다. 올바르게 세상을 흡수하는 에너지를
자연스럽게 쓸 수 있는 인성을 확립시키는 것, 카르마 관찰
은 사회적 인간의 올바른 관계형성과 이를 토대로 한 행복
한 삶의 완성에 목표를 두고 있다.

나의 모순을 정리하는 게
수행이다

우리 모두는 더러워진 세상에 오염되어 있다.
정신 건강을 추구하는 수행법을 쉽게 받아들이지 못하는 것
도 그 때문이다. 참으로 기가 막힌 노릇이지만, 이미 오염
된 의식세계를 바르게 고치려니 쉽지 않은 것은 당연하다.
나를 바로 세우기 위해서는 인내심이 필요하다. 인욕, 정
진하며 받아들이는 흡수 능력을 키우는 공부를 해야 한다.

카르마 관찰을 통해서
올바르게 흡수할 수 있도록
나의 능력을 교정해야 하는 까닭이 여기에 있다.

정신적으로 잘 돌아가지 않는다고 느낀다면 이는 내 영혼이 허기진 상태, 즉 채워진 것이 없다는 말이다. 지금의 내 환경, 나의 살아있는 맑은 영혼이 모두 '불량품'인 것이다. 이와 마찬가지로 지금 기분이 좋다면 내 영혼의 정신 갈증이 해소됐다는 것이고, 기분이 나쁘다면 내 정신의 갈증이 해소가 안 됐다고 봐야 한다.

내 영혼의 갈증을 다스리기 위해서는 나를 잘 다스려야 한다. 그러면 내 자아가 치유되어 행복하고 만족한 삶을 살 수 있다. 그러나 그 반대일 경우 원하는 걸 얻지 못하는 불행한 삶 속에서 남을 원망만 하며 세상을 탓하는 에너지에 휩싸인 채 살아갈 수밖에 없게 된다. 이를 벗어나기 위해 카르마 관찰이 필요하다.

나한테 모순이 없으면 맑고 깨끗하게 무엇이든지 접할 수 있다. 답은 접하는 그곳에 있다. 이게 자연이다. 따라서 무언가 지혜를 얻고 싶다면, 나의 때부터 씻어라. 진정한 수행

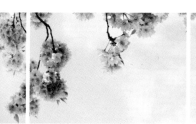

은 나의 모순을 정리하는 일이다.

영적으로 무언가를 아는 것은 내가 영을 바르게 접하고 있기 때문이다. 신을 바르게 접하니까 신을 아는 것이고, 자연을 바르게 접하니까 자연을 아는 것이다. 이것이 지혜가 열리는 순간이다. 자신의 말을 바르게 들을 줄 알고, 사물을 바르게 볼 줄 알고, 세상을 바르게 접할 줄 알면 저절로 답이 나온다.

불평불만은
내일을 포기하는 것

수행에 관계된 책을 보면 생각이 많아진다.

바른길이 무엇인지, 무엇이 제대로 된 수행방법인지, 모두가 제각각이다. 그러니 엉뚱한 길을 가면서도 바른 수행을하는 것으로 착각하는 일이 부지기수다. 수행자는 뭔가 알았다고 해서 어설픈 정답을 내서는 안 된다. 지혜는 내가 아는[根氣(근기)] 만큼만 쌓인다.

내가 얼마나 제대로 흡수했는가?

얼마나 겸손하게 받아먹었는가?

얼마나 공부했는가?

깨달음은 오직 오직 카르마 관찰을 통해서
물리가 터졌을 때 이뤄진다.

앎이 일어나는 것도 이 순간이며 이를 깨달았다고 하는 것이다. 그리고 이때가 되어야 육근육식의 문을 닫고 올바르

게 할 말만 할 수 있으며, 나의 생각·감정이 지식과 진리를
풀어내는 단수가 모두 달라진다.
즉, 자기 자신의 말, 내 말을 하는 것이다.

겸손하지 못하면 껍데기만 얻고 만다. 나의 부족함에 불평
불만만 한다면 그것은 자신을 학대하는 것이다. 내일을 포
기하는 행위이다. 그런 잘못된 방법으로 죽도록 생고생을
하지 마라. 수행한답시고 생고생하지 말라는 말이다.
내게 오는 환경을 항상 고맙게 생각하고 감사히 받아들여
라. 주어지고 닥친 환경에 불평한다면 그 환경은 내 것이 되
지 않는다. 다음에는 더 어려운 상황에 부딪친다. 이것을 아
는 것이 생활의 도요, 생활 속 지혜이다.
그리고 이 법칙을 반드시 카르마 관찰로 이해해라.

묵언 · 하심 · 인욕이 필요한 까닭

수행하는 초심자에게 가장 필요한 덕목은 묵언과 하심, 인욕이다.

모든 것이 갖춰지면 행동은 저절로 이루어진다. 말보다 더 중요한 것은 내 앞에 새롭게 들어온 정보 지식을 흡수하는 학습이다. 그렇게 주변 환경까지 흡수하고 나면 모든 게 다 나의 지식질량과 진리질량이 된다. 행동은 그럴 때 나타나야 한다. 모든 것이 갖춰지면 나는 그것을 잘 실천하고 잘 쓰기만 하면 된다.

내 포스트는 자연히 만들어지고 어느새 나는 인기인이 되어 있다.

정보 지식을 흡수하기 전에 뱉어낸다면 이는 상추를 심어놓고 싹이 나오자마자 확 뽑아낸 것과 같다. 당장은 똑똑해서 사람들이 좋아하는 것 같아 보일 수 있지만, 결국 오래지 않아 내 주변에 모든 사람들이 등을 돌리게 된다.

먼지가 꽉 찬 청소기가 새로운 먼지를 제대로 빨아들일 수 없듯이 생각·감정이 불량품이면 흡수할 능력이 없다.

정신의 소화가 잘 될 리가 없는 것이다. 중요한 것은, 머리로만 계산된 흡수는 머리까지만 흡수된다는 점이다. 뿐만 아니라 머리로만 하려다가 머리가 막히는 사건이 생기면 불의의 사고가 닥친다.

IQ가 인지능력을 바탕으로 객관식 사고를 갖고 세상을 보는 관점의 능력이라면, EQ는 맑음과 밝음을 가지고 주관적인 몰입사고를 통해 답을 찾아내는 능력이라고 할 수 있다. 답이 없는 데서 답을 찾아내는 능력으로 내 부족한 에너지를 찾아내는 기본능력을 갖추게 해주는 것이 EQ이다.

생활 속에서 실천하라

진리 · 지식을 생활에 녹이는 것이 생활인의 도이다.
당신이 부처님 진리를 편집하지 않고 다 만날 수 있다면 비
로소 이 말의 진정한 뜻을 알 수 있으리라.

신지식과 진리를 접목시켜
흡수를 잘하는 에너지로 바꾸면
행복할 수 있다.

밥을 먹지 않더라도 돈이 없더라도 늘 입꼬리가 올라가고,
무엇인가 충만한 삶의 에너지를 느낄 것이다. 진리 · 지식을
삶 속에 녹여 다른 방법으로 콘텐츠화 시킬 수 있는 또 다른
지식을 흡수하게 될 것이다.
이렇게 자연 에너지가 생활 속에서 또 다른 제품으로 쏟아져
창출되면, 내 생각 · 감정의 영혼질량 에너지가 정신의 방앗
간에서 쉼 없이 쏟아져 나온다. 진리 · 지식의 논리가 아주
정밀하게 흡수돼 자연적인 논리지식을 갖추게 된 것으로,

중생을 다스릴 수 있는 내공의 힘이 솟구쳐 나온다.

대승보살로서 부처님처럼 질량의 지식을 완벽하게 갖춘 초자연적인 힘을 발휘하는 것이다. 대승보살은 6바라밀을 바르게 운용해서 내 주변의 일체 인연을 잘 흡수한다. 상대가 원하는 것을 잘 알아차리고 그 사람이 완전히 이해하게끔 잘 풀어줄 수 있어야 그가 대승보살이고 실력자이다. 그래야 상대를 흡족하고 만족하게 해줄 수 있다. 이것이 진정한 대승보살의 삶이다.

중요한 것은 겸허한 자세로 흡수하고 노력해야 한다는 것이다. 내 속에 들어가기 전에 남을 가르치려 들지 말아야 한다. 흡수가 잘돼서 저 밑으로 구석구석 영양분이 축적되어 내 내공의 힘이 충만해질 때까지 절대 내뱉지 말고 계속 쭉쭉 빨아들이는 학습을 해야 한다. 우선 나부터 진리 · 지식을 다 받아먹고 나부터 정신감정이 커져야 한다는 말이다.

스님, 이것이 궁금합니다

Q_ 스님은 많은 진리와 지식을 법문 속에서 주변 환경을 흡수하고 받아들이라고 했습니다. 현실 속에서 가령 친구와 대화를 할 때는 친구의 말을 다 받아들이기보다는 자꾸 거스르게 됩니다. 이럴 때는 어떻게 해야 올바른 방법인가요?

A_ 이건 나타냄이 지극한 것이다. 즉, 나 잘났다고 하는 것이다. 우리가 이 공부를 어떻게 접수接受해서 흡수吸收해야 하는가? 이 말은 어떻게 잘 받아들여서 잘 흡입하는가이다. 한 호흡을 쭉 들이마시면, 흡吸이고, 그것을 내 내공 깊숙이까지 쑤~욱 집어넣는 것이 수收이다. 이게 흡수吸收이다. 흡수는 그냥 들어오는 것을 다 받아들이라는 것이다. 생각, 감정, 오감을 다 받아들이지 않고 들어온 것을 뭉쳐놨다가 꺼내 써 버리면 그것은 날아간 것이다.

식물들과 나무들이 물을 흡수하되, 저건 더러운 물! 저건 나쁜 물! 하면서 분별해서 받아들이던가? 좋은 약은 받아먹을 때는 쓰지만 몸에는 이롭 듯, 충성된 말은 상충되지만 그것을 실천하면 행복이 온다.

네가 상대의 말을 거슬렀을 때, 흡수하지 않는다면 지금 당장은 그 사람이 "야~ 너 잘났다! 똑똑하다!"고 말할 수 있다. 그러나 그는 실컷 듣고 나서는 자기 생각·감정에서 너를 커트CUT 시켜 버린다.

내 진리의 질량이 푹 들어와서
남이 저절로 익었다고 할 때까지는
그냥 겸손하게 갖추고 흡수해라.

내 공부가 완전히 될 때까지는 100일 동안만이라도 말하고 싶어도 하지 마라. 왜냐? 밭에 씨앗을 하나 심어놓고 그 씨앗이 싹도 나기 전에 흩어 버리면 언제 싹을 틔우고 꽃 피고 열매가 맺을 수 있겠는가? 말을 하고 싶더라도 실력과 능력이 향상되어서 인정받을 때까지는 무조건 흡수만 하라. 그럼 자연신이라고 할 수 있는 훌륭한 사람, 선지식과 같은 사람이 알아서 모시러 온다. 금 방석에 탁! 갖다 앉혀 놓는 일! 추대하는 일이 온다 이 말이다.

오랜 방황을 겪으며 역경의 지수를 높여 본 사람의 인생에서
는 깊은 향기가 난향처럼 풍긴다. 난관에 부딪칠 때마다 역
경을 완전히 연소시킨 그는 절대로 어설픈 행동을 하지 않
는다. 실패를 맛봐야 더욱 단맛을 즐기며 느낄 수 있고, 안
되는 것이 있어야 잘 될 길을 연구하는 게 인간의 삶이다.

흡수와 섭수, 접수하고 받아들이는 데 마음을 다하라.

부처님은 21세기 인공지능 시대에 왜 미륵불로 나투셨을
까?

누구나 고통과 괴로움으로 세상을 산다. 부처님은 그 고통
을 더 큰 고통으로 몰고 가지 말라고 우리를 화장세계로 인
도한다.

괴롭더라도 고통의 세상살이 짐을 지고, 끊임없이 인내하고
하심하며 올라가는 사람만이 인생의 승리자가 될 수 있다.
그러나 고통을 고통으로 몰고 가지 마라.

카르마 관찰은 고통을 치유하는 가장 빠른 길이다. 지금 이
순간 있는 그대로 다 받아들일 때, 나무와 식물이 자라나듯
이 당신 또한 쑥쑥 자랄 수 있다.

모가지
바짝 들어봐라

100% 너만 손해다

겸손도
지나치면 아만

겸손이란 모두 다 존중하며 행복하게 사는 것이다.
겸손謙遜은 올바르게 분별할 줄 알아야 한다. 그렇다고 내키지도 않는데 무리수를 쓰면서까지 강제적인 힘으로 나를 낮추라는 말이 아니다. 겸손도 지나치면 아만과 교만이 되고 상을 만든다.

생각·감정을 적당히 움직일 수 있어야 아만과 교만이 사라진 지혜가 자연스럽게 쑤욱 올라와 서로를 존중할 수 있다. 다시 말해서 마음의 문을 열고 닫는 법, 개차법開遮法을 잘 쓸 줄 알아야 진정한 겸손이 나오는 것이다.

겸손은 나와 다른 사람을 인정하고
존중하는 것이다.

나를 비운만큼 서로를 채워주는 것이다. "벼는 익을수록 고

개를 숙인다."고 하듯이, 백지장도 같이 들겠다는 나눔의 속뜻을 서로 헤아리는 것이 겸손이다.

카르마 관찰은 상근기, 중근기, 하근기를 바르게 관찰해서 바른 생각을 갖춰나가는 기법이다. 한마디로 카르마 관찰은 그냥 사람을 잘 대하는 기법이다. 즉, 그 사람의 업식에 따라 다 다르게 작용하도록 마음을 닦아나가는 수행이다.

살다 보면 나보다 지식질량이 월등한 상대가 있다. 이런 사람 앞에서는 모가지를 바짝 들어봤자, 100% 나만 손해다. 그러다 한 대 쥐어 터지면 나만 억울한 일이 아니겠는가. 상대를 바르게 분별해서 나를 낮출 줄도 알아야 한다. 나보다 상근기인 상대 앞에 섰다면 반드시 하심하고 인욕하라. 하근기인 내 부족한 지식질량을 받아들이는 것, 이것이 진정한 겸손이다. 나를 낮춰서 내가 필요한 것을 얻겠다는 마음을 기본으로 가져야 한다는 말이다. 이러한 올바른 겸손, 올바른 분별력을 갖추기 위해서는 정신감정의 감지기가 잘 작동되어야 한다.

겸손이란 나를 무조건 낮추고 상대를 무조건 이해하는 것이 아니다. 반드시 올바른 분석을 통해 서로를 존중하고 인정

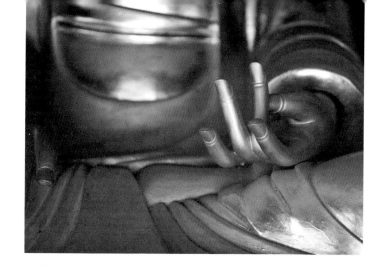

해서 모두가 다 함께 행복하게 살아가는 것, 그것이 바로 겸
손한 삶이다.

사회적 인간은 스스로 힘이 약하다 생각하면 짐승의 본능이
저절로 나온다. 나도 모르게 상대에게 꿇는다. 그러다 어떠
한 질량을 딱 갖추게 되면, 그때는 언제 그랬냐는 듯이 인간
의 본성이 다시 튀어나온다. 모가지를 바짝 든다. 인간이란
동물이 그렇다. 찰나 찰나 변한다. 이것이 우리의 삶이다.
억울하면 출세하면 된다.
인간세계에서 양보란 없다.

거짓 겸손은
고통을 부른다

내게 힘이 없어서 어쩔 수 없이 겸손할 수밖에 없는 상황도 있다. 그렇다 해도 진심으로 겸손하라. 억지로 겸손한 척한다면 그것은 겸손이 아닌 내면에 숨겨진 가증이다. 이런 겸손을 떨면 반드시 그 아픔이 내게로 온다.

아픔이 오는 게 싫다면 나와 다른 처지에 있는 사람을 항상 존중해야 한다. 존중은 어려운 것이 아니다. 내가 어려웠을 때를 미루어 짐작해 보면 된다. 이것이 사회를 바르게 보고 사람을 바르게 보는 것이다.
그러면 언젠가는 내게 꼭 필요했던 것들이 상대방으로부터 들어오게 된다.

늘 상대를 존중하고 배려하며
깊게 이해해야 한다.

무조건 상대의 말에 동의하거나 상대의 말이 다 맞다고 인정하는 것은 이해가 아니다. 바른 이해는 상대의 입장에 서서 상대가 옳다고 믿고 있는 것들에 대해서, '아! 그럴 수도 있겠구나.' 또는 '오죽하면 저럴까.' 하는 마음으로 내 안 깊숙이 받아들이라는 것이다. 그러면 모든 좋은 에너지가 내가 원하는 대로 몰려 들어온다.

카르마 관찰을 통해 겸손이 진리·지식 속에 알맞게 믹싱Mixing이 되면, 스스로를 낮출 줄 알아 상대를 존중하게 된다. 상중하上中下 근기를 떠나 상대의 존엄성을 인정할 줄 알게 되는 초자연적인 의식 수준을 갖게 된다.

카르마 관찰은 '모든 것을 하나로 보는 법칙'이다. 비유해서 말하면, 고장 난 컴퓨터를 고치기 위해 본체의 부품을 전부 신상으로 갈아 끼워넣는 것이 카르마 학습법이다.

나도 모르는 주제에
누구를 돕나

누군가에게 조언을 할 때면 답답함을 느낄 때가 많다. 나는 열심히 설명하는데 상대의 반응이 미적지근하다. 이유는 단 하나, 내 근기가 약한 탓이다. 진리·지식도 모자라고 실력도 없는 상태에서 상대를 설득하려니 열통 터지고 답답한 상황만 연출되는 것이다.

나와 다른 상대에 대해 아무런 정보도 없이 그의 고민을 풀어 주려 했기에 시간만 낭비하는 느낌을 받은 것은 당연한 일이다. 질량이 낮은 사람이 어느 누구를 훈련시키겠는가. 그 조언들이 상대에게 들어갈 리 없다.

상대방의 질량이 어떤지 현실 에너지를 체크해 보지도 않고, 그의 주변 환경을 파악해 보지도 않고, 그에게 무엇을 어떻게 설명할 수 있단 말인가. 상대를 이해시키려면 그에 대한 정보를 확실히 알아야 한다.

상대가 못 알아듣는 게 아니고,
말하는 내가 이해를 못 시키는 것이다.

내가 아무리 말을 잘해도 상대가 알아듣지 못한다면 그것
은 실패한 비즈니스이다. 책이든 경전이든 여러 지식 경로
를 통해 어마어마한 지식을 쌓았다 하더라도 그 지식을 상대
가 이해하도록 풀지 못한다면, 그것은 잘못 쌓은 지식이다.

지식을 갖추고 쓰는 사람은 배운 사람이건 못 배운 사람이
건, 보잘 것 없는 직업인이든 최고의 권력자든 그들에게 맞
춰서 지식을 적용시킬 줄 알아야 한다. 상대방에 맞춰서 자
신의 지식을 풀어내지 못한다면 그는 지식인이라 볼 수 없
다. 지식을 쌓았다고도 볼 수 없다. 한마디로 사람도 모르
면서 지식이 많다고 착각하는 꼴이다.

진정한 지식인은 상대방이 잘 알아차릴 수 있게 갖고 있는
지식을 생각과 감정, 오감 속에서 잘 풀어 낼 줄 알아야 한
다. 진리 · 지식을 높게 갖추는 것보다 갖춰 놓은 진리 · 지
식을 실전에서 잘 쓰는 것이 더욱 중요하다.
견성하기도 어렵지만 그것을 행동으로 실천하는 것은 더욱
어려운 법이다.

깨닫기 전에는
규칙을 정해야

상대를 먼저 알고 나를 찾는 것보다, 나를 먼저 알고 상대를 풀어주는 것이 더 쉬운 법이다. 내 자신도 모르면서 상대를 풀어준다는 것은 자연법에서는 불가능한 일이다. 다 풀어낸 것 같아도 시간이 지나면 다시 또 답답해지는 일이 생긴다. 내게 미션이 끊임없이 들어온다.

이리 가든 저리로 가든 깨달음에는 규칙이 없다.
그러나 깨닫기 전까지는
규칙을 정해야 빠르고 바르고 도달할 수 있다.

카르마 관찰로 AQ부터 ZQ까지(인터넷 참조) 모조리 다 완벽하게 갖춰서 준비해야 하는 까닭이 여기에 있다.
인문학적 사고와 이공계적 사고를 하나로 엮어야 한다. 철학과 과학이 둘이 아닌 하나임을 알고 불교철학까지 완벽하게 겸비해 갖춰내면, 신지식과 신진리를 모두 다 갖출 수 있다.

카르마 관찰은 국제사회를 바르게 볼 수 있는 수행법이다. 카르마 관찰을 통해 물리物理가 터지기 시작하면 국제 시장까지 한눈에 다 볼 수 있다. 사람이 보인다는 말이다.
이때가 되면 불교적 스피치 언어가 터진다. 내가 언제 이렇게 말을 조리 있고 맛나게 잘하게 되었나 싶을 정도로 상대방과 서로 피드백이 되고, 위대한 대화가 이뤄진다.

이런 상태가 된다면 비로소 나를 비롯해 내 가족과 내 주변의 모든 인연, 국가는 물론 전 세계를 모두 다 행복하게 해줄 수 있다.
끌려가는 것이 아니라 끌고 가는 힘을 길러야 한다.

카르마 관찰을 갖춰야 진정으로 평화롭고 행복해진다.
카르마 관찰로 확실히 갖춰만 놓으면 정신 수술을 완벽하게 할 수 있는 내공이 터진다. 상대의 혼을 쏙 뺐다 넣었다를 할 수 있는 초능력이 터지는 것이다.

나는/
어떤 모습으로/

죽을 것인가?/

올바른 삶의 기준

카르마 관찰은 나의 업의 습관이 얼마나 올바른지를 스스로 점검할 수 있다.

나는 누구인가?

나는 어디에서 왔는가?

나는 어떻게 죽어야 하는가?

이 말은 곧 어떻게 살아가느냐에 대한 질문이다.

개개인이 정신적으로 지치고, 정신적 가치가 사회적으로 불투명해진 요즘, 이러한 본질적인 질문은 우리 삶에 있어 매우 중요하다. 우리가 인문학적 사고를 해야 하는 이유, 최근 인문학 열풍이 부는 이유도 여기에 있다.

그러나 카르마의 악연에서 벗어나
행복해지기 위해서는,
"나는 어떻게 죽어야 하는가?"라는 질문보다는,

"나는 어떻게 살 것인가?"란 질문을 간절히 던져야 한다.

사람들은 흔히 자기가 좋아하는 일을 하면서 살아가면 행복하다고 말한다. 하지만 내가 좋아하는 일을 하면서 살아가는 사람들이 얼마나 되겠는가? 내가 하는 일을 좋아하기 위해서는 카르마 관찰이 필요하다.

① 내가 내 자리에서 바르게 관찰하며 나로부터 가족과 이웃을 위해 바르게 실천하고 있는가.
② 나는 나로부터 이웃과 사회를 위해 무엇을 하며 살 것인가.
③ 나는 이 나라와 인류를 위해 투철한 사명감을 갖고 정신적, 육체적 발전을 위해 노력하고 있는가.

나를 살펴 위의 3가지 질문들을 올바르게 잡아나가는 것이 바로 팔정도 정견 수행이다. 내 삶의 목표를 바르게 잡아나가면 삶에 대한 불안감이나 고통이 따르지 않는다. 카르마 관찰을 통한 팔정도 수행은 내공의 힘을 쌓게 한다. 내 정신의 허기를 채울 수 있다. 이것이 곧 공空이고, 비물질 에너지를 채워나가는 과정이다.

물론 정신과 육체가 게으른 경우 팔정도 카르마 수행을 해도 답이 없다. 또한 욕심으로 하는 경우도 실패다. 욕심은 나의 눈을 가려 버리기 때문에 올바른 분별이 되지 않는다. 카르마 관찰은 정견 자리에서 자기를 봐야 한다.

대박 날 좋은 기회

세상을 바라보는 관점은 모두가 다르다. 각자 서로가 자신의 입장에서 자신의 근기와 눈금의 잣대로 남까지 재단하는 것이다. 특히 돈을 삶의 기준으로 따지는 사람들은 재산의 유무로 남을 평가하기를 주저하지 않는다. 그에게는 돈이 판단 기준이기에 세상을 바라봄에도 돈이 전부이다. 돈때문에 사람들이 다 미쳐가고 있는 시대, 우리는 그런 시대를 살고 있다.

이렇듯 돈이 삶의 전부가 되어가는 삶을 어떻게 보아야 할까? 결코 잘사는 것이라 생각할 수는 없을 것이다. 그럼에도 사회가 그러하니 나 또한 그렇게 살아야 한다고 스스로 위안을 삼고 돈에 매달려 살아갈 것인가? 당신 또한 그러하다면 나는 역발상을 권한다.

돈에 매달리지 말고 돈이 따라오도록 하라.
지금 돈이 없다는 것은
당신에게 대박이 날 좋은 기회가 왔다는 것이다.

내게 돈이 없다는 사실만을 생각하고 그 기준에 묶여 끊임
없이 나와 남을 재단하는 건 내게 오는 돈마저 쫓아내는 짓
이다. 삶의 현상, 즉 인간사회를 볼 때는 올바른 눈금의 잣
대(正見, 정견)로 봐야 한다. 돈이 없는 나를 보기 이전에 돈이 없
을 수밖에 없는 나의 마음을 보아야 한다는 말이다.

팔정도 카르마 관찰은 본래 집 나간 '참 나'를 되찾는 수행
이다. 잠시 내게서 멀어진 진짜 내 모습을 제자리에 갖다
놓아 근기를 올려놓는 갖춤의 단계이다. 이것을 카르마 환
경이라고 한다. 사람들은 자신의 습관이 잘못된 것을 모르
기 때문에 자신에게 주어진 카르마 환경이 어떤 것인지를 모
른다. 습관적인 에너지가 분출되어 불량 난 내 자아, 즉 에
고 덩어리가 얽어놓은 카르마 환경을 본래의 '참 나'로 바꾸
고 나면 돈은 저절로 따라오게 되어 있다.

단순해져라

내가 어떤 생각·감정의 눈으로 세상을 보느냐에 따라서 그 길이 열리고 닫히는 것이 부처님법이며 대자연의 순리이다. 나 혼자 잘 살겠다는 마음을 갖는다면 신장님이든, 부처님이든 그 누구도 도와주지 않는다. 내 것이란 설계도가 내 안에만 있으니 절대 도와주지 않는 것이다.

내 삶의 밑그림을
인류가 함께 빛나는 삶이 되도록
우주를 그려라.
그리고 최대한 단순해져라.

바다 앞에 서면 맑아진다. 왜일까? 바다는 더 이상 갈 곳이 없기 때문이다. 우리를 단순하게 한다. 마치 선방에서 참선하며 무자 화두를 들 듯이 정신을 한없이 단순하게 만든다.

머릿속으로 온갖 삼라만상을 가득 담고, 생각이 복잡해지

면 큰 에너지가 나에게 들어오지 않는다. 100프로 단순해
져야 하는 까닭이 여기에 있다. 늘 무無라고 가슴에 새기고
염해야 한다는 것이다.

팔정도 카르마 관찰수행은 잘못된 내 버릇을 고치는 것이
며, 나의 모순을 보는 것이다.
내 안에 존재하는 슈퍼 컴퓨터를 잘 운영하는 것이 카르
마 관찰이다. 슈퍼에고와 슈퍼 참 나를 찾고, 올바른 분별
을 할 때 세상의 정견에 눈을 뜰 수 있고, 본성을 찾을 수 있
다. 이것이 행복하게 살아가는 길이다. 우리 모두는 행복
할 수 있다.

알면

풀기도 쉽다

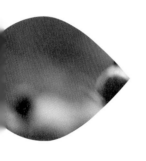

화도
연습이 필요하다

살아가면서 화를 내지 않는 사람은 아무도 없다. 개인에 따라 횟수와 강도는 다르지만 누구나 다 주변의 동료나 가족, 친구에게 화를 내며 살아간다.

화는 독감처럼 전염된다. 화는 자기도 모르는 사이에 학습이 된다. 부모가 조그만 일에도 소리를 지르고 화를 잘 내는 경우라면, 그 집의 자녀 또한 부모를 닮아 화를 잘 내기 쉽다. 부모가 늘 싸우는 집의 아이들은 싸우는 부모의 모습에서 늘 공포를 느끼며 움츠려 들게 된다. 그런 아이들일수록 다 자란 뒤에도 마음의 병을 달고 살게 되는데 심한 경우 우울증으로 진행되는 사람들도 많다.

더구나 그런 부모를 미워하면서도 정작 결혼한 뒤에는, 부모와 똑같이 아이들 앞에서 부부싸움을 하고 있는 자신의 모습을 보이곤 한다. 알게 모르게 학습된 화, 자신이 성내고 싸우는 모습이 부모로부터 부지불식간에 학습된 것임을 깨닫는 순간의 두려움, 이 얼마나 충격적인가?

화가 났을 때는
반드시 내가 화가 났다는 것을
고백해라.

내가 어떤 일로 인해 몹시 화가 났을 때 화나지
않은 척해서는 안 된다. 고통스럽지 않은 척해
서도 안 된다. 화를 내는 대상이 나에게 소중
한 사람이라면 더욱더 척해서는 안 된다. 내가
지금 매우 화가 나 있고, 그래서 고통스럽다면
그 사실을 상대에게 고백해야 한다.
그러나 말은 아주 차분하고 침착하게 해야 한
다. 자신의 상태를 말할 때 감정적으로 쏟아
내는 것이 아니라 이성적으로 차분하게 말할
줄 알아야 한다.

내가 지금 힘들고 속상하다는 사실을 상대방
도 분명히 알아야 한다. 그래야 더 좋은 방향
으로 해결책을 마련할 수 있다. 나를 둘러싼
환경을 바꾸는 열쇠는 바로 내게 있다는 사실

을 잊지 말아야 한다.

화를 낸다는 것은 결국 내가 똑똑하다는 말이다. 화의 원리原理와 근본根本을 따져보면, 결국 내가 똑똑해서 일어나는 현상이다. 그렇다면 똑똑한데 왜 화가 나는 것일까? 똑똑하긴 하지만 답을 풀지 못하기에 그렇다. 달리 말하면 똑똑한 척하기는 하지만 진짜 똑똑한 사람이 못 되기에 화가 나는 것이다.
사람들은 무엇인가를 이야기하고, 물으면 정확한 답을 모르면서도 다 아는 척, 똑똑한 척한다. 그래서 화가 나는 것이다. 참 못남의 극치다.

내가 똑똑하다고 머리를 바짝 들고 있는 이상, 화를 안 내고는 살 수 없다. 실력도 없으면서 똑똑한 척하는 자가 어떻게 부딪치지 않을 수 있겠는가? 부딪치는 데도 풀어낼 수가 없으니 화가 나는 건 당연한 일이 아닐까.

분명하게 말할 수 있는 것은 화를 내는 사람은

기운이 큰 사람이다. 기운은 큰데 그 기운만큼 공부가 갖춰지지 않았기 때문에 내 앞에 오는 것을 바르게 풀지 못해서 화가 나는 것이다. 기운이 크기에 저것이 옳고 바르지 않다는 것이 다 보이긴 하는 데 이걸 바르게 풀어내지 못하니 미치는 것이다.

그렇다면
화를 안 내려면 어떻게 해야 하는가?
내가 얼마나 못났는지를 깨우쳐야 한다.

이런 것도 해결 못하는 내가 과연 똑똑한 것일까? 화가 나는 원인은 무엇일까? 나 자신에게 끊임없는 질문을 던져보고 그 답을 찾아보아야 한다. 그런데도 문제가 해결되지 않는다면 내 부족함을 인정할 줄 알아야 한다. 이 세상에 올 때 기운은 크게 받고 왔으나 그 기운만큼 나를 갖추지 못해서 이만큼 답답한 것이구나, 이래서 공부가 필요하구나 하고, 무릎을 탁 꿇어야 한다. 이렇게 했을 때 나를 낮출 수 있고 108배 수행도 가능한 것이다.

화도 평소에 충분한 연습을 해야 한다. 화를 구체적으로 표현하는 방법을 알 필요가 있다는 말이다. 화를 표현하는 가장 효율적인 방법을 찾는 것은 나 자신을 바르게 보는 수행이기도 하다. 화를 내지 않는 방법으로는 운동하기, 자리 피하기, 화를 내는 나의 모습을 거울로 보기, 전문가 도움받기 등 여러 방법이 있다. 그중에서도 붓다 호흡법으로 심호흡하면서 화를 표현하는 방법, 이것이 카르마 관찰 기법이다.

나를 낮추면
분노도 낮아진다

나를 낮출 줄 알아야 다른 사람을 이롭게 할 수 있다. 나를 낮출 줄 모르는 사람은 윗사람이 될 자격조차 없다.

화가 났을 때 분노가 극에 도달하기까지 15초 밖에 걸리지 않는다고 한다. 신경계 편도체에서 지능적 교감이 도출하는 데 걸리는 시간이 아주 짧기 때문이다. 분노가 들어오든 뭐가 들어오든 이 짧은 시간만 넘기면 극한으로 치솟았던 모든 감정은 이내 수그러든다.

분노를 효과적으로 관리하는 방법으로 '21초 몰입' 수행을 강조하는 것도 이 때문이다. 화가 치밀어오를 때에는 의도적 몰입을 반드시 해야 한다. 화장실에 앉아서도 핸드폰만 만지작거리지 말고, 21초 몰입을 하라. 그리고 21번, 내게 분노를 불러왔던 그 사람의 이름을 부르면서 어떻게 하면 그와의 감정을 풀 수 있을지, 나와 함께 분노했던 그를 풀게 할

지를 끊임없이 생각하라. 내 뇌를 속이는 방법의 하나이다.

한 예로, "내가 왜 저 사람을 미워하지?"라는 생각이 들 때
는, 얼른 그의 좋은 점을 찾아내야 한다. 어느 순간 슬쩍 화
가 치미는 것은 속생각이 곱지 못할 때 올라오는 감정이기
때문이다.

인생이라는 운전은 내가 하는 것이다. 운은 누가 갖다 주는
것이 아니라 내가 지금 여기에서 만들어 가는 것이다. 하기
에 내가 어디쯤 와 있는가를 확인하는 일은 무엇보다도 중
요하다. 반드시 확인해야 한다.
인생이라는 삶의 구비를 완주하기 위해서는 25세까지 배우
고, 40세까지 연구하고, 60세까지 완성한다는 마음을 가
져야 한다.

만약 오늘이
내 인생 마지막 날이라고 했을 때
화를 낼 겨를이 있겠는가?
운명도, 행복도 내가 만들어가는 것이다.

불교에서는 바르고 참다운 삶의 수행 덕목으로 인욕바라밀
을 중요하게 여긴다. 인욕바라밀이란 욕망을 가라앉히고 참
아내는 힘을 길러준다. 인욕은 나를 낮추는 하심을 통해 나
를 발전시킨다.

끊임없이 스스로를 채찍질하며 자신을 뜯어 고쳐가는 수행
을 하는 사람들도 있지만, 이것은 매우 어려운 방법으로 크
게 깨달은 사람들의 수행법이다.
평범한 우리들로서는 생활 속에서 나를 낮추는 수행을 하
면 된다. 마음먹기에 따라 이보다 더 쉬운 수행이 어디 있는
가? 생활인의 수행, 인생을 부드럽게 살아가려는 사람들의
수행은 내 할 일을 하면서도 수행의 끈을 놓치지 않는 쉬운
방법을 택하는 것이 좋다.
그리고 그 수행의 시작은 나를 낮추는 것에 맞춰야 한다.

진짜 수행은
사람 공부에서

'이 세상 사람들 가운데 내 맘에 들려고 태어난 사람이 있을까? 그게 말이 되는가?'

어느 날인가, 나의 눈과 귀, 입까지 다 통제하고 난 뒤에서야 나는 알 수 있었다. 이 세상에서 나만을 위해 살고, 나를 위해 목숨을 바치고, 내가 좋아하는 걸 다하며 사는 사람은 아무도 없다는 것을 깨달았다. 그동안 지속적으로 내 몸 여기저기가 계속 아팠던 이유도 그런 기운으로 살았기 때문이었다는 것을 알았다. 내 자신이 너무나 기고만장해서 자만과 교만을 달고 살았던 것이다.

살아오면서 인연 맺은 그 많은 사람들을 향해, '저 사람은 왜 저러고 살지? 왜 이렇게 내 마음에 안 들지?'라며 끝없는 불만을 터뜨리며 살아온 나날들. 누가 나를 눈 뜨고 쳐다보는 것조차 맘에 들지 않았다. 도대체 나는 왜 그렇게 살았던 것일까?

나는 스스로에게 끊임없이 자문자답을 해봤다.

어느 날 한 신도가 가정문제를 상담하러 왔다.

딸이 일곱, 아들이 셋이나 되는 참 보기 드문 가정이었는데, 아이들에게 사건사고가 끊이지를 않자 나에게 하소연하러 온 것이다. 그러나 나는 앉아서 듣기만 했을 뿐 어떠한 말도 해줄 수 없었다.

순간, '이거 하나 해결도 못해 주면서 내가 무슨 중인가? 내가 왜 여기에 있나?'라는 생각이 들었다. 그 댁뿐만이 아니었다. 어려움을 겪는 수많은 분들이 찾아왔건만 내가 해줄 수 있는 게 없었다. '사주만 봐준다고 일이 다 해결되는가?' 그것 역시 내가 원하는 바가 아니었다.

부처님한테 밥값도 법法값도 못하는 내가 어찌 중이란 말인가?

출가는 왜 했는가? 부처님께서는 32상 80종호를 모두 다 갖추셨다고 하는데, 나는 도대체 뭘 갖추고 있는 것일까? 괴로워하는 신도들에게 길을 알려주기는커녕, 나도 모르고 있으니 무슨 할 말이 있단 말인가? 밥만 축내는 밥벌레만도 못한 수행자, 그것이 나의 모습이었다.

그렇게 몸부림치며 자문자답하던 나는 그 순간 모든 것을 다 던져버렸다. 눈과 입을 닫고, 피를 뽑아 문 앞에 혈서

를 썼다.

그리고 책이란 책은 다 버리고, 7년 동안 오로지
나를 돌이켜보는 시간만 가졌다.

그때 나에게는 그 어떤 욕심도 없었다. 오직 보살
심으로 살아야겠다는 마음뿐이었다. 죽기를 각
오했으니 다른 마음이 생길 여지도 없었다. 늘 문
앞에 혈서를 붙이고 문을 열 때마다 이게 안 되면
끝이라고 생각했다. 지금 생각해보면 화두 아닌
화두를 잡고 최후의 고민을 하고 있었던 셈이다.

그러다 보니 저절로 무명·무지가 어디서 왔는지
깊이 사유하게 되었다. 맨 날 신도들에게 무명·
무지 속에 살아가는 것이 업이라고 떠들기는 했
지만, 정작 내 스스로 그 무명·무지가 무엇 때
문에 왔는가를 깊게 사유해 본 적이 없었던 것이
다. 신도들에게는 업장이 두꺼워서 현세에 풀어
낼 수 없다, 어떻다 하고 법문을 하면서도 그것
을 지금 여기에서 풀어낼 수 있는 공부는 해 본
적이 없었다.

'저 사람은 왜 저런 것도 못할까. 참 바보 같다.'

라는 생각만 했지, 내가 이걸 공부해서 그들을 도와줄 생각은 못했던 것이다.

그렇게 6년째 되던 해의 어느 날이었다. 그날도 나는 아무런 바라는 바도 원하는 바도 없이 그냥 땅만 보고 걷고 있었다. 오로지 한 생각, 저 신도들의 가정을 어떻게 하면 내가 다 해결해주고, 속 시원하게 풀어줄 수 있을까 하는 생각만이 머릿속을 꽉 채우고 있었다.

이 산, 저 산으로 헤매면서 이걸 못 찾아내면 죽고 말겠다는 결심까지 했다. 자연의 소리가 들려온 것은 그러던 어느 날이었다. 청정법신의 자리에서 빛이 들어온 그 순간, 주변이 환해지면서 사람들이 보이기 시작했다. 비로소 지혜가 열린 것이었다.

사람을 볼 줄 아는 사람공부를 하는 것이 진짜 수행이다.

내가 사람 연구를 본격적으로 시작한 것은 그때

부터였다. 그동안 나는 다른 사람들이 잘못하고 있다고 탓하기만 했지, 정작 나 자신은 갖추지도 못했으면서 공부할 생각은 하지도 않았다. 그저 경經을 읽고, '이뭐꼬'를 붙들고 참선하고 명상冥想하는 게 공부라고 생각하고 있었다.

그러나 지혜가 열리자 사람이 눈에 들어왔다.
주변 사람을 행복하게 해줄 수 없는 수행은 아무런 의미가 없었다. 다른 이를 행복한 길로 이끌어주기 위해서는 먼저 내 자신을 갖추어야 했다.
그리고 그 길은 내 영혼의 질량을 채우는 것에서부터 시작되었다.

영혼의 질량을 채워라

대서양처럼 크고 깊은 바다 속에서 사는 물고기를 서해바다와 같이 얕은 바다에 갖다 놓는다면 오래지 않아 죽고 말 것이다. 바다에서 노는 물고기와 강물에 사는 물고기가 때깔이 다르듯이 사람의 지식질량도 고급지식, 중급지식, 저급지식이냐에 따라 그 차이가 크다. 지식의 난이도 별로 지식질량이 다르다.

저 사람은 왜 아플까?

같은 아픈 사람이라 해도, '듣기 싫어-이耳, 보기 싫어-안眼, 하기 싫어-기氣, 가기 싫어-신身, 죽고만 싫어-심心'이 다 다르다. 왜 그런 것일까? 감춰져 있는 지식질량이 약한 탓이다.

참 나의 질량이 본래 나이다. 나의 행간을 보는 지식질량을 쌓기 위해서는 내 내공에 기운氣運을 넣어야 한다. 지식知識 수행修行이 선행되지 않는 한 영혼의 질량을 채울 수 없다.

지식의 종류는 8만4천 무량수이다. 이 무량한 지식 가운데 지금 내가 갖추고 있는 지식은 얼마나 되는가? 이것을 직시하지 못하는 한 나의 발전은 없다.

책으로 습득하는 관찰觀察지식, 행동으로 아는 절차지식, 만남으로 인해 체득되는 대면지식! 우리가 눈·귀·코·혀·몸(안이비설신)을 통해 보고 느끼는 모든 것이 다 지식으로 축적된다. 또한 철학적, 과학적 탐구에 의한 지식은 일체 지식이 아닌 것이 없다.

사람들이 흔히 알고 있는 지식은 상·중·하로 구분할 수 있지만, 전체 지식을 깊은 지식이나 얕은 지식으로 나눌 수는 없다. 깊게 사유해 보면 천상천하에 존재하는 모든 개체가 다 위대하고 존귀하기 때문이다. 즉, 귀한 자와 천한 자가 따로 없다는 말이다.

내 노력의 유무에 따라
귀하고 천함이 결정된다는 걸 알아차려야 한다.

나의 지식재산 즉, 선귀善鬼와 악귀惡鬼를 알아차리는 내 정신精神의 나무, 지식知識의 나무, 양심의 나무를 얼마나 많이 쌓아놓고 경쟁사회에서 올바르게 쓰고 있는가를 항상 점검

해야 한다.

신지식이란 가장 하급신^{下級神}부터 최첨단 고급령^{高級靈}까지 다 갖춰서 모든 것을 막힘없이 풀어내는 능력을 말한다. 어떠한 상대라 하더라도 알아차릴 수 있도록 설명할 수 있는 실력을 갖춘 사람이 이 시대의 신지식인이다.

여기에 진리까지 갖춰서 지혜의 문이 열리면 물리가 터지게 된다. 이 사람이 바로 관세음보살이다.

나는 내 인생을 빛나게 하기 위해서 무엇을 어떻게 해야 하나 사유하다가 내 지식이 약하다는 걸 알게 되었다. 나는 이 지식의 눈을 지속적으로 찾아다닌 끝에 천수천안 관세음보살의 눈에 가져다 놓았다. 그래서 지금은 누군가가 필요하

다고 하면 이것을 빼서 그 사람의 눈에 끼워준다. 그런 탓에 나는 지금도 여전히 지식의 눈을 주우러 다닌다. 그리고 좋은 눈이 내 앞에 돌아다니면 얼른 다 주어 담는다.

우리 앞에는 수많은 보석들이 깔려있다. 그러나 권력, 재물 이런 것들에만 눈이 쏠려 있어서 이 진짜 보석들을 그냥 다 밟고 지나쳐 버리고 만다. 마치 행운을 찾으려다 행복을 짓밟아버리는 것과 같다.

행운의 네잎클로버를 찾기 위해
행복의 세잎클로버를 짓밟는
어리석은 행동을 하고 있지는 않는가?
늘 나의 발뒤꿈치를 돌아보는 습관을 길러야 한다.

일체 지혜불은 우리 마음의 문을 그냥 열리게 하지 않는다.
나는 내 앞에 오는 모든 사람을 살아 움직이는 신장으로 생각하며 그들의 어려움을 어떻게 해결할 수 있을까? 하고 그 방법을 찾기에 내 전부를 쏟아 부었다.
몰입이 되어 있으면 눈을 뜰 때마다 항상 새롭다.
내가 먼지까지도 부처로 볼 때, 그 먼지가 선재동자가 되어서 늘 선물을 갖다 주었다. 그리고 그것을 잘 받아서 수행을 진척시켰다.
이렇듯 내 앞에 떨어진 모든 것이 다 공부거리이고 그것을 다 마쳤을 때 누구든지 천수천안의 지혜를 열 수 있다.

어느 날인가, 알 수 없는 어떤 기운이 일어나더니 문수동자와 보현동자가 동시에 내 앞에 나타났다. 그리곤 나에게 잠잘 시간도 밥 먹을 시간도 주지 않았다. 몰입불沒入佛이 나타난 것이었다. 이것은 지금까지도 내가 무엇인가를 계속 만들게 해준다.

장차 미륵불彌勒佛시대가 온다고 했다. 당시에는 전혀 몰랐지만 그때 그분이 바로 미륵부처님이었다.

무명과 무지로 인해 내 앞에 온 것을 불평불만만 하고 흡수를 하지 못하기에 우리는 끊임없이 사람들을 분별한다. 하찮다고 무시하고 소중하게 여기지 않는 바람에 자연의 정기, 자연의 에너지를 받지 못하는 것이다. 즉, 부처님의 가피가 일어나지 않는 것이다.

내 앞에 나타난 것은 모조리 흡수해야 한다. 절대로 불평불만을 갖지 말라. 화를 한 번 내면 108가지 지혜의 종자가 사라진다는 것을 명심해야 한다.

그리고 저 자연이 전하는 말, 바람이 전하는 말을 항상 감사하게 받아들여라. 그럴 때 내 영혼의 질량이 가득 찬다. 바람과 자연 또한 사람과 다르지 않기 때문이다.

쫓아갈 것인가

따르게 할 것인가

집착하면 도망간다

돈은 사랑하는 사람과 같다. 사랑한다고 집착하다보면 사랑이 떠나가듯이 돈 또한 그러하다. 돈은 집착한다고 해서 옆에 남아있지 않는다. 내게로 오지도 않는다. 돈은 비물질의 굉장한 에너지이다. 보이지 않는 것을 보이게 하려니 옆에 두기 어려운 것이다.

돈을 많이 번 사람 가운데는 힘들고 죽고 싶다는 사람도 많다. 왜 그럴까? 내가 너를 사랑하니까 오늘은 내 옆에만 있으라고 하는 것과 같기 때문이다. 그러면 돈도 지긋지긋해서 도망가고 만다.
그렇다면 어떻게 해야 내가 운영할 수 있을까? 이것이 핵심이다.

"돈벼락 좀 맞아 봤으면….."
복권 1등 당첨을 바라지 않는 사람은 없다. 그런데 복권 1

등에 당첨이 된 사람이 행복해졌다는 기사는 찾아보기 힘들다. 돈을 왜 바랬고 어떻게 활용했던가를 돌이켜봐야 하는 이유가 여기에 있다.

나도 출가 전 CF 등을 통해 돈을 많이 벌어봤지만 사는 게 힘들었다. 모든 게 내 탓인데 남의 탓으로만 돌렸기 때문이다.

돈이 나를 따르게 하고 있는지,
아니면 내가 돈을 쫓는 것은 아닌지를
잘 생각해보아야 한다.

그러려면 환경부터 바꿔야 한다. 환경을 바꾸기 위해서는 내 생각에 갇혀 있어서는 안 된다. 내 에너지가 동서남북 자유자재로 움직일 수 있어야 한다. 남을 인정하고 존중하고 융통성을 발휘해야 한다. AS도 고칠 수 있을 때나 가능하다. 완전히 망가지면 고칠 수도 없다.

상담을 하다보면 융통성이 조금도 없는 사람이 있다. 꽉 막힌 이런 사람은 늘 정신에 허기가 진 사람이다. 아무리 주려고 해도 돌아오는 것이 없다. 마치 산에서 외쳤는데 메아리가 돌아오지 않는 것과 같다. 에너지가 순환되지 않고 꽉 막힌 것이다. 정신의 방앗간이 멈춰버린 사람이다.

편협된 사고를 가지면 에너지가 돌지 않는다. 에너지 돌지 않는 사람에게는 돈도 돌지 않는다. 상대를 존중하고 인정하고 받아들일 때 에너지도 순환된다. 서로 다름이 부처임을 인정하라. 그러면 상대가 보인다. 돈이 보인다.

자기 그릇만큼 번다

영혼의 상처와 돈은 연관성이 많다. 내 맑은 영혼은 비물질의 에너지가 치유돼야 행복할 수 있다. 내 영혼에 상처를 준 범인은 어릴 적 자아이다.

돈에는 눈이 달려있다. 화폐의 '폐幣'에는 안이비설신의가 모두 들어있다. 내가 고장이 나면 돈도 그것을 단박에 안다. 내가 받아들일 기운이 없으면 돈도 오지를 않는다.

돈을 벌려면
내 영혼의 상처를 먼저 치유해야 한다.

영혼의 상처기 치유되지 않는 한 그 무엇도 할 수 없다. 반대로 영혼의 상처가 다 치유되었다면 무엇이든 원하는 대로 할 수 있고 돈도 벌 수 있다.

당신 스스로에게 물어보라.

"나는 어려서 어떤 부모와 어떻게 살아왔는가?"

"나는 지금 행복한가?"

"지금 내 입 꼬리는 올라가 있는가?"

입 꼬리를 올려야 돈이 붙는다. 내 에고덩어리, 오염된 잘못된 내 생각에 내가 묶여 있는지 잘 살펴봐야 한다.

돈을 벌 것인가? 운명을 벌 것인가?

돈을 벌려면 내 영혼의 에너지를 먼저 벌어야 한다. 그러려면 먼저 갖춰야 한다. 내가 갖추고 있어야 돈이 따른다. 10억이 필요하다면 10억만큼의 에너지가 있어야 한다. 그런데 사람들은 이 이치를 모른다. 돈이 없어서 미치는 사람이 있는가 하면, 미치도록 돈을 주고 싶어 하는 사람도 있다.

돈이 지나가도 모른다

돈을 벌고 싶다면 최소한 세 가지는 갖춰야 한다.

그 세 가지란 나의 환경을 받아들이고, 환경을 정리하고, 환경을 갖추는 것이다. 이것이 돈 버는 방법의 핵심이다. 환경이란 자연적으로 인연을 준 사회적·가정적·주변적 조건에 영향을 미치는 상태이다. 이 환경을 받아들여 정리하고 갖추라 함은, 가장 중요한 것이 바로 내 앞에 인연을 준 인간관계라는 것을 말한다. 사람을 올바로 보지 못하면 그 어떤 환경도 영향가가 없다.

이 세 가지가 구비되었다면 이젠 받을 준비만 하고 있으면 된다. 이 세 가지가 모두 고장 났다면 돈이 지나가도 모른다.

이 세 가지를 갖추기 위해서는 몰입을 해야 한다. **부처님마을**에서는 '21초 몰입'을 권한다. 앞의 책 '땅콩 스님'을 냈을 때만 해도 7분 명상을 말했다. 그러나 이제는 7분도 긴 시대가 됐다. 사건 사고는 순식간에 일어난다. 찰나에 일어난다. 지금은 1초가 아쉬운 때이다. 그만큼 세상은 급박하게 돌아간다. 21초 몰입을 권하는 까닭이 여기에 있다.

내 생활과 일을 진정으로 사랑하고
즐기면서 하는 방법이 21초 몰입이다.

21초 동안 내 생각과 감정, 오감을 정리하는 21초 명상법, 이것이 생활인이 해야 할 생활 명상법이다.
이 일 하랴, 저 일 하랴, 시간은 없는데 어떻게 벽만 보고 앉아 있을 수 있겠는가. 수행도 이제는 모두 생활 속에서 이뤄져야 한다. 생활 속 수행을 통해서, "나는 어떻게 살아야 옳은가?" 하는 물음에 답할 수 있어야 한다. 나라는 존재가 도대체 무엇인지를 스스로에게 물어야 한다.

하루에 수없이 21초 동안 이 물음을 반복해 보라.
생활이 바뀐다. 인생이 바뀐다. 그러기 위해서는 내가 잘못된 것부터 인정해야 한다. 있는 그대로의 나를 받아들이고 21초 동안 몰입하여 사유해 보라. 나는 원래부터 잘못된 것이 아니다. 에너지를 바꿔 보라. 그래야 내 영혼의 상처가 치유된다.
하나하나 바뀌다 보면 언젠가는 완전히 바뀐다.

돈을 이기는 방법

돈을 따르게 하고 돈을 이기는 방법은 아주 쉽다.
입 꼬리를 확 올리고 모든 일을 즐겁고 행복하게 하면 된다.
오늘부터 당장 인욕바라밀을 실천하는 것이다. 아무 조건
없이 받아들여 나와 남이 모두 행복하게 살아가길 기원하
라. 이것이야말로 대승보살이 가야 할 화엄행자의 삶이다.
그러면 돈은 자동으로 따라붙게 돼 있다.

"모두를 행복하게 해 줘야지, 잘해 줘야지."

늘 일하기 전 스스로 다짐하라.
그리고 즐겁게 마음먹고 입 꼬리를 올리면서 말해 보라.

나는 행복합니다.
나는 행복합니다.
나는 행복합니다.

새로운 나를 만들어라

몰입은 내 안의 생각 · 감정을 올바른 방향으로 바꾸는 수행이다.

몰입에는 능동적 몰입과 의도적 몰입이 있다. 능동적 몰입은 운동할 때 생기는 몰입처럼 흥미와 승리, 희열을 가져다준다.

하지만 의도적 몰입은 이와 달리 나의 의지로 시작되는 몰입이다. 21초를 위해서 의도적으로 몰입하기 위한 방법 가운데 하나가 내 머리를 속이는 방법이다. 이때는 내가 이것을 하지 않으면 죽는다는 결심을 해야 한다. 이것조차 안 된다면 영혼 없이 이리저리 끌려 다니는 인생이 되고 만다.

의도적 몰입은
새로운 나를 만들어 낼 수 있어야 한다.

그렇기에 의도적 몰입은 암벽등반과 마찬가지로 위기감과 함께 몰입으로 들어간다. 굳은 의지로 선택하기에 그만큼

보답 또한 크다. 의도적 몰입적 사고력을 갖춰야 하는 까닭이 여기에 있다. 의도적 몰입적 사고를 통해서 맑은 자아 성찰을 해야 한다. 하루 한 번은 꼭 나의 뇌를 속여 보라. 21초 몰입 뇌 훈련을 의도적으로 학습해 보라. 21초가 당신을 변화시킬 것이다.

인간의 좌뇌는 언어적 사고와 수렴적 사고를 담당한다. 우뇌는 비언어적 사고, 확산적 사고를 맡는다. 좌뇌는 논리적이고 수학적이지만, 좌뇌만 활용한다면 머리만 갖고 사는 사람이 될 것이다. 이것만으로는 사람을 올바르게 볼 수 없다.

우뇌는 공간적 지능과 직관, 은유, 상상력, 창의력 등 감정과 감각을 담당한다. 21초 몰입은 우뇌를 계발하는 공부 방법이다. 따라서 21초 몰입은 직관력과 상상력, 창의력에 힘을 더하는 아주 좋은 수행법이다.

카르마 관찰
100일

나는
행복의 에너지를

내뿜는 사람인가?

긍정의 에너지

나는 행복의 에너지를 내뿜는 사람인가?

그것을 알고 싶으면 내 주변에 사람이 있는가, 없는가를 살펴보라. 그것이 판별의 기준이다. 만약 사람이 없다면 나는 불행을 내뿜는 사람일 것이다.

그렇다면 그 원인은 무엇일까? 다른 사람을 끌어들일 수 있는 에너지가 없기 때문이다. 내게 에너지 질량이 없기 때문에 모자란 행위를 하게 되고 그만큼 고장 난 사람이기에 주변의 사람이 따르지 않는 것이다. 이것을 치유할 수 있는 방법은 모자란 에너지 질량을 채우는 길뿐이다.

에너지 질량은 어떻게 채워지는가?

오직 카르마 관찰을 통해 올바른 재주를 부려야 한다. 카르마 관찰로 단 100일간만이라도 즉, 부처님이 가피를 줄 때까지 만이라도 열심히 앞도 뒤도 보지 말고 공부하라! 1차 에너지는 나의 정신적 기운부터 맑히는 것이다.

활기차고 힘이 있는 사람에게
더 끌리는 게 인지상정이듯이
온몸이 충만하여 에너지를 내뿜는 사람에게는
마음이 더 끌리기 마련이다.

이런 사람들은 일체 생활 속에서 에너지가 충만하여 그 에
너지를 나누며 살 수 있기 때문에 똑같은 말을 하더라도 늘
즐겁다. 긍정적인 마인드로 이야기를 하기 때문에 절대 고
장 나지 않는다.
하지만 이와 반대인 사람과 마주하고 있으면 같이 불행해 진
다. 이런 사람하고는 같이 차 한 잔을 마셔도 금방 불행을
맛보게 된다.
이것이 '사람 경전經典'이다.

가족이라는
2차 에너지

가족은 2차 에너지의 출발점이다.

가족 중에서도 지금 가장 힘들어 하고 마음이 무거운 사람 즉, 사업을 하다 망했든 아니면 몸이 아프든 고통에 빠진 모든 가족을 말하는 것이다.

그런데 나는 그들의 아픔을 모른다. 아니 그 아픔의 원인을 정확하게 알지 못하는 것이다. 공부를 하지 않았기에 나의 정보처리 능력은 확실히 무능에 가깝다. 때문에 눈을 뜨고 바라보는 것마다 모두가 모르는 것투성이다. 내 지식 정보 질량의 수준이 딱 거기까지이다.

스티브잡스가 손에 다 갖다 쥐어 준 스마트폰은 세계에서 가장 훌륭한 스마트 대학이다. 그런데 그것이 내 손에 있는데도 불구하고 그걸 어떻게 활용할 줄 모르는 나의 지식질량! 이게 기가 막힌 노릇인 것이다.

이것은 학교에서 배우는 학과목 지식이 아니다. 이것이야말로 21세기의 오늘날 누구나 기본교육으로 이수해야하는 지식이다.
카르마 관찰 또한 다르지 않다.

조금만 더 일찍 눈을 떴다면
그동안 내 스스로 쳐 박았던
내 가슴의 못까지도 빼냈을 것이다.

이제 가족의 마음속으로 들어가 보자.
내 정신의 허기가 채워진 상태가 되었다면 즉, 카르마 관찰을 통해 내 내공의 힘이 쌓여 지식이 채워진 상태가 되면-
반드시 내 가족에게 손을 댈 말들이 터져 나오기 시작한다.

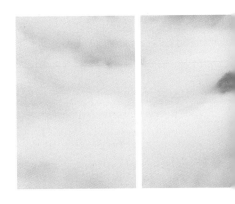

예전에는 몰랐던 것들이 하나하나 눈에 들어온다. 남편이든 자식이든 부인이든 올바르게 분별해서 말해줘야 할 것들이 눈에 보이는 것이다.

이렇게 가족 간에 화합이 되어서 가르침 그대로 쫓아오면 일체가 모두 이루어진다. 가족 중에 한 사람만이라도 노력해서 바르게 답을 내주면 이 사람에게 질문을 하게 되는데, 이것이 카르마 관찰 기법이다.
올바르게 듣고 올바르게 이해됐다면 그대로 따라 가는 것이 자연의 법칙이다.

나의 부족을
인정할 줄 알라

그런데 너무 고집불통이라 가족 간에도 소통이 안 되는 사람이 어느 집이든 꼭 있다. 이 고집이 어느 한 쪽으로 쏠리면 이게 일로 터지는 것이다. 고집이 센 인간들은 절대 말을 듣지 않는다. 고집 센 인간들은 자기 고집으로 당하고 맛을 봐야 그 잘못을 고친다. 무턱대고 부리는 고집은 자신의 삶을 파멸로 이끌 뿐이다.

"저 인간은 자기와 똑같은 놈한테 당해 봐야 정신 차릴 걸."
어느 가족이든 이런 사람 하나씩은 꼭 있다.
왜 그럴까? 그 사람을 보며 공부하라고 '가족 경經'으로 나타나 한 지붕 아래에 살고 있는 것이다.

그런데 가정에서 미리 학습하고 사회에 나가도 똑같은 사람이 또 회사의 같은 부서에 앉아 있다. 이번엔 회사에서 그를 보며 더 공부하라고 '회사 경經'으로 나타난 것이다.

이런 게 자연법이다.

왜 억세고 고집 센 것이 저 자연에도 있겠는가? 약한 우리네 인간을 도우러 온 것이다. 일체가 다 방편으로 내 앞에 온 것이라고 화엄경에서 말했듯이, 나처럼 되면 아픔이 온다고 꾸역꾸역 고집 세고 독한 것들을 내 앞에 배치시켜 놓은 것이다.

고집은 세기도 하고 약하기도 해야 음양의 조화가 맞는다. 이것은 낮과 밤이 함께 있는 이유와 같다. 즉, 자연의 질서인 것이다. 고집이 세고 약한 게 둘이 아니고 하나란 말이다. 고집이 셀 때는 그 강한 만큼 힘이 없는 것이고(고집이 세서 망하기 때문에), 고집이 약할 때는 약한 대로 힘이 없다.

힘이 없을 때 힘이 나오게 하고,
힘이 셀 때는 힘을 빼도록 하는 것.
이를 위해 카르마 관찰 기법을 운영하는 것이다.

약해 빠진 사람을 강한 쪽으로 끌어올리고, 강한 사람은 아래로 내려 중간에 놓아 주어, 서로가 치우침 없이 (+)와 (−)가 딱 맞아 떨어지도록 하는 것. 이것이 바로 중도中道사상이 아니던가.

물론 고집이 필요한 때도 있다.

분별해서 들을 수 있는 지혜의 문이 열렸을 때가 바로 그때이다.

이렇게 내 마음의 상태를 올바르게 잡는 수행이 '카르마 100일 관찰'이다. 100일간 제대로 공부했다면 기본은 갖춘 셈이므로 조금씩 틀이 잡혀진다.

이것이 2차 에너지의 틀을 잡는 것이다.

나의 갈 길이 보이고, 다른 사람의 앞길을 이끌어 줄 수 있는 힘을 갖추는 것, 이 정도만 되어도 어려움에서 벗어나 자신이 행복한 존재임을 지각知覺하게 된다.

그리고 모든 진리의 법이 올바르게 꽂힌 상태를 본다. 에너지가 쫙 펴지면서 온몸에 기운이 돌아 천기가 소통되는 순간 자연의 이치가 눈에 확 들어오게 된다.

이때 일어나는 기쁨! 즉, 환희의 법열法悅을 느끼는 순간, 깨달음을 맛보는 것이다. 이때가 되면 대자연의 에너지를 그대로 갖다 쓸 수 있는 실력이 나오게 된다. 대자연의 법칙이 나와 함께하는 그 어마어마하게 좋은 기운 즉, 천연 다이돌핀이 왕성하게 방출되는 것이다.

나 스스로 남을 도울 수 있는 힘이 생겼으니, 가족이든 단체든 그들에게 법을 줄 수 있는 실력이 자동으로 나온다. 그야말로 멘토의 자질을 갖춤으로서 상대를 완전히 이해시켜 줄 수 있는 에너지로 탈바꿈하게 된다.

가끔은 아직까지도 예전의 나로 보고 나를 인정해 주지 않고 내 말을 듣지 않는 경우도 있다. 그럴 땐 일단 상대의 근기에 딱 맞게 전달하고 지켜봐라. 그런 인간은 반드시 어딘가 고장이 난 뒤에야 다시 찾아와 말을 듣게 되어 있다.
이때 그 사람에게, 내가 말한 대로 해 보지 그랬느냐며 한 번 더 일러주고, 다시 그 사람의 기운을 잡아 다른 방향으로 운기를 틀어주면 그 사람은 내 말을 듣고 그 길로 가게 된다.

'지금까지 네가 갔던 길은 전부 옳지 않았으니, 이제부터는 이 길로 가라.' 라고 핸들을 틀어주는 것이다.
그리고 그 다음부터는 그가 직접 핸들을 잡고 가게 한다. 그럼 그 또한 안전하게 길을 갈 수 있게 된다. 이때 비로소 그의 팔자가 바뀌게 되는 것인데, 이로써 나와 그의 둘 관계는 계속 연결되는 것이다.

스스로 사랑할 때
밝은 에너지가 방출된다

지금 세상은 어느 누구를 가릴 것 없이 모두들 자기 자리에서 멘토 역할을 다하며 살아간다. 미륵시대에는 각자가 다 선생님이다.

그렇다면 나는 내 가족은 물론이고 내가 속해 있는 단체나 조직, 회사 내에서 어떠한 사람으로 살아가고 있는가. 우리는 어느 자리에서든 최고로 인기 있는 사람이 되길 원한다. 이것을 가능케 해주는 것이 에너지이다. 인공지능 시대에 걸맞는 에너지를 갖추기 위해서는 내 앞에 오는 일체의 에너지를 흡수해야 한다.

여기에서의 에너지란 사람이다.
사람은 생각과 감정을 가지고 살아간다. 즐거운 사람들과 소통하고 함께 일하는 사람, 즉 행복한 생활을 하는 사람의 내면에서는 큰 힘이 나온다. 다시 말해서 좋은 에너지가

솟아난다. '에너지가 사람이다.'라고 한 이유가 여기에 있다!

큰 에너지로 살아가면 운명도 바뀐다. 관운, 재물운, 학운
이 원만해지고 또한 강한 운을 갖게 된다. 인류를 빛내고 세
상을 지휘하며 살아가게 되는 것이다. 에너지는 오늘의 나
를 앞으로 나아가게 하는 전부이다. 다 털어버리고 다시 일
어설 수 있게 할 용기를 줄 뿐만 아니라 나보다 더 힘들어하
는 사람들을 돌보고 지지해 줄 수 있는 넓은 마음까지 갖게
해주기 때문이다.

이와 같은 에너지는
반드시 카르마 관찰을 통해서만 얻을 수 있다.
이기적인 생각으로 하루를 살기에는
1분 1초가 너무 아깝다.

진리지식과 일반지식은 확연히 다르다. 진리를 사랑하는 사람은 얼굴에서 '빛'이 난다. 이 '빛'은 생활 속에서 일을 할 때도 나 자신을 눈부시게 돋보이게 한다.
나는 어떤 사람이 우수한 '스펙'을 가질 때보다, 보이지 않는 진리지식을 갖춰 그 아우라와 에너지를 방출할 때 부처님의 후광을 느낀다. 그 어떤 것보다 성스러워 보이는 것이다.

앞으로 알아 차려야 할 것은 내 앞에 있는 그 사람이 주는 에너지이다. 서로가 좋은 에너지를 주고받으면서 얼마나 서로에게 보탬이 되는지를 알아차려야 한다는 것이다. 그리고 그것을 그 상대가 잘 이해할 수 있도록 풀어주어 서로 시너지를 일으키는 관계가 되어야 한다.

사람들은 행복한 에너지를 내뿜는 사람에게
더 끌린다.

똑같은 말을 하더라도 더 즐겁고 긍정적인 마인드로 이야기할 수 있는 사람이 되어야 한다.

에너지를 나누며 살아가는 사람,

그래서 일체 모두를 행복하게 해주는 사람,

그런 사람이 있는 공간은 항상 사람이 넘치고, 에너지가 넘쳐흐른다. 그러니 당신의 앞에 오는 사람들을 거부하지 마라. 싫든 좋든 내게 오는 사람을 다 받아들이지 못하면 나의 에너지도 활성화되지 못하고, 결국 나에게서 모두가 등을 돌리는 결과를 가져온다.

스스로를 사랑하라. 스스로를 사랑하지 않으면 기본적으로 밝은 에너지가 방출되지 않는다. 밝은 사람은 방출되는 에너지도 좋다.

사람을 만날 때에도 늘 환하게 웃는 사람을 만나라. 그리고 하루에 단 5분만이라도 눈물, 콧물이 쏙 빠지도록 아주 배꼽 빠지게 웃어라. 이 웃음이 바로 내 맑은 에너지의 노래다. 내 맑은 영혼의 오케스트라이다.

개가 사람 되기를
바라지 마라

우리가 카르마 관찰 수행을 하는 이유는 모두가 나를 훈련시
키기 위해서이다. 정보화시대에서 남과 경쟁하기 위해서는
나를 먼저 이길 수 있어야 하기 때문이다. 나를 먼저 봐야 남
이 보이고 남을 이길 수 있는 힘이 생기는 것이다.

나를 보기 위해선 잘못 길들여진 내 아집과 고집을 버려야
한다. 이기적인 자아, 나만 옳다는 생각을 버리란 말이다.
대부분의 사람들은 정신감정의 자아가 전부 다 불량 난 상
태에서 살아가고 있다. 이런 불량난 자아를 A/S해서 올바
르게 교정해서 살아 가자라는 것이 카르마 관찰 수행이다.

내 안의 저 깊은 속에는 꼭꼭 묻어둔 그 무언가가 있다. 그
게 무엇이냐? 내 업식業識! 즉, 내 업의 씨앗으로 바로 '참 나'
의 자리인 것이다. 이것을 올바르게 봐야 한다. 나의 업식
을 잘 갖춰놔야 모든 일들이 다 일사천리로 풀리는 것이다.

진정한 부처님의 골수! 진리는 이렇듯 숨어있다. 그동안 이 놈의 고집에 가려져서 이 '참 나' 자리를 보지 못한 것이다. 모든 게 다 무지에서 비롯된 잘못된 습관에 젖어 거짓 나만 보고 쫓아다녔기에 일어난 일이다.

그러니 남보고 고치라고 하지마라.
나부터 고쳐라!

나를 이겨야 남을 볼 수 있는 위대한 힘이 내 내면에서 나온다. 나를 잘 길들이면 남을 볼 때도 정리된 것만 척척 보이게 된다. 그러나 내가 정리가 안 되어 있으면 남을 볼 때도 정리 안 된 것만 보이게 된다. 다시 말해서 남을 바르게 보지 못하는 것은 전부 다 내가 잘못되어서 그런 것이므로 상대를 고치려고 하지 말고 나부터 바로잡으라는 것이다.

개가 사람 되기를 바라지 말고, 먼저 내 잘못된 습관을 바르게 하여 그 개를 길들일 수 있는 자격을 갖추라는 말이다.

얼마 전 엘리베이터 안에서 반려견이 사람을 물어 죽인 사건으로 떠들썩했던 적도 있었지만, 개는 교육을 받았더라도 본능에 따라서 언제든지 사람을 공격할 수 있다. 그러므로

개는 개답게 교육시키고, 사람은 사람답게 교육시켜야 한다. 이렇게 반려견도 행동교정을 해줘야 하듯이 인간도 행동교정을 해줘야 한다. 아니, 사람일수록 더욱 행동교정이 필요하다. 오죽하면 돼먹지 못한 인간들에게 개만도 못한 것이라고 하겠는가?

카르마 관찰은 개 버릇 고치기에 앞서
내 버릇부터 먼저 고쳐서
다시 태어나게 하는 수행법이다.

버릇 길들이기는 참 어렵다. 오죽하면 산은 하나 옮길 수 있어도 사람의 습관은 못 고친다는 말이 있겠는가? 사람은 굉장히 게으르다. 뇌가 게으른 것이다. 나도 게으르고, 뇌도 게을러서 그렇다.

그런데 인간의 뇌는 잘 속는다는 장점(?)을 가지고 있다. 드라마를 보다가 슬픈 장면이 나오면 나도 모르게 눈물이 나오지 않는가? 이것도 뇌가 속은 것이다. 배꼽 잡는 코미디를 보면서 죽어라고 웃는 것도 뇌가 속아서 웃는 것이다. 뇌는 이렇게 단순할 만큼 잘 속는다.

뇌는 내가 이렇게 하겠다고 딱! 마음을 먹으면 금방 따라온다. 따라서 카르마 관찰 수행을 하면서 제일 먼저 해야 할 일은 뇌를 최대한 단순화시켜야 한다. 내가 21초 몰입사고! 즉, 의도적인 몰입사고를 강조하는 것도 이 때문이다.

뇌를 단순화시킬수록 자신의 내면으로 들어갈 수 있는 길이 빠르게 생긴다. 뇌의 전전두엽에 선로가 쫙 깔린다는 말이다. 이렇게 받아들여진 정보는 뇌에서 해마로 이동해 자리를 잡게 되는데, 내가 무엇인가를 생각할 때마다 이 저장고에서 탁! 하고 튀어나오는 것이다.

'카르마 관찰 100일 기도'로

상처 받은 영혼을
치유하라

소가지 빼기

세상 모든 것은 나로 인해 비롯된다.
문제의 시작도 나이며 그것을 해결하는 출발점도 나로부터
시작된다.
'고집불통의 나'와 '소통하는 나'의 차이를 만드는 것은 오직
'지식과 갖춤'이다.

'카르마 관찰 100일 기도'는
나를 변화시키는 1차 관문이다.

100일 동안 나의 모순을 관찰 수행함으로서 착각에 빠져 어
긋나게 살아가는 것들을 바르게 보자는 기도가 카르마 관찰
이다. 카르마 관찰은 상처 난 영혼을 치유하고 참회하는 수
행이다. 나의 나쁜 습관 – 생각, 말, 행동, 성격, 성품 –
을 교정하는 불교수행법으로, 자기성찰을 통해 괴로움의 뿌
리를 뽑는 100일 동안의 수행법이다.
카르마 관찰의 요체와 핵심은 '소가지 빼기'(꼬인 성품 바로

풀기)에 있다.

제1차 모순 관찰은 3·7(=21)일 동안 성장배경 등을 찾아 점수화하는 과정이다.

아이가 처음 태어났을 때 부정을 막기 위해 3·7일 동안 금줄을 치듯이 21일에 걸쳐 스스로를 돌이켜보고 직시하는 과정이다. 마지막에는 내가 얼마나 모순을 갖고 살았는지 내 자신에게 스스로 점수를 주는 카르마 운영 노트 정리로 점검을 한다.

카르마 관찰 100일 기도 제2차 모순 빼기 기간인 69일 동안은 부모의 양육은 바르게 이루어졌는지, 인성은 올바른지, 공부는 어느 정도까지 했으며 제대로 된 공부인지, 배우자와의 관계는 바로 잡혔는지, 주변 인간관계는 올바른지, 지금 하고 있는 일은 잘 진행되고 있는지, 그밖에 잘못된 것은 없는지, 등등의 모든 것들을 풀어놓고 하나하나 점검해 들어간다.

카르마 100일 관찰에서 가장 중요한 것은 인욕바라밀의 실천이다.

참는 힘이 떨어지면 100일은커녕 단 3·7일도 가기 힘들다. 2~3차가 진행되는 동안 특히 인욕바라밀의 실천을 강조하는 것도 그 때문이다.

유념해야 할 것은 인욕바라밀의 실천이 생활 속에서 실천되는 생활도가 되어야 한다는 것이다. 수행할 때만 인욕하고 생활 속에서는 나 몰라라 한다면 그것은 인욕바라밀이라 할 수 없다.

카르마 100일 동안은 정말 큰마음을 먹어야 한다.

어느 기도든 기도를 하는 동안에는 꼭 마귀가 꼬이듯이, 카르마 관찰 100일 기도를 방해하는 도깨비는 반드시 나타난다. 사람에 따라서 다르지만 술, 여자, 모임 등 1주일에 하나씩은 꼭 내 의지를 테스트하는 일이 생긴다. 100일 기도를 어떻게든 방해하려는 귀신들은 언제나 조건까지 딱 맞춰 쳐들어온다. 일곱 번 산 귀신들이 나를 홀려서 카르마 공부를 못하게 방해하는 것이다.

반드시 시험에 들게 한다

신장님 세계에서는 우리를 그냥 천상세계로 보내주지 않는
다. 신장님은 올바른 분별을 통해서만 나를 올려준다. 도
깨비 시험과 같은 테스트 미션이 들어온다. 도깨비의 방해
에서 답을 풀어내야 상근기인 갖춤의 단계로 올라가는 것
이다. 마치 생전예수재처럼 100일 동안 나를 천도시켜 주
는 것이다.
따라서 카르마 관찰 100일 기도자는 올바른 분별을 해야
한다.

내공의 힘이 커지는 것이
바로 카르마 관찰 100일 기도의 공덕이다.
씨앗을 잘 가꾸어 맺은 열매보다
수억 배의 더 큰 힘이
100일 기도에서 나온다.

한이 많은 인간이 죽으면 100재까지 지내야 한다는 말이 있

다. 저승세계의 영가든 살아있는 사람이든 다
를 게 없다는 말이다.

사업이 망했거나, 암과 같은 불치병에 걸렸거
나, 그밖에 지금 무엇인가 지독하게 안 좋은
그런 사람들이 우리 주변에는 너무나 많다. 그
럴수록 기도하듯이 이 힘든 관문을 넘어가야
한다. 걸림돌을 넘어서야 한다.

우리 모두는 반드시 신장님들의 심판을 받아
야 한다. 그렇다면 신장이란 누구인가? 살아
있는 신장이 바로 내 주변의 사람들이다. 그들
의 심판에 의해 내가 천도되는 것이다.

사람들로부터 상처를 입고 원한관계를 맺는
것은 바로 내 욕심이 나를 오염시키고 주변을
더럽히기 때문이다.

그리고 기도가 무르익을 무렵이면 나와 똑같
은 사람이 상대역이 되어 내 앞에 나타난다.
주위 사람으로부터 신장님의 카르마 시험지가
와 나를 테스트하는 것이다.

이때 관찰의 힘을 갖게 되면 나의 모순을 대하는 나의 태도가 나아진다.

카르마 관찰 100일 기도를 하는 중에는 오만 가지 생각·감정이 일어나면서 좋았다가 싫었다가 수없이 요동친다. 이것을 견뎌내야 한다.

100일 기도는 100일 동안 카르마를 어떻게 운영하느냐에 달려있다. 자기 소가지를 보고 자기 본성 자리로 들어오게 하는 수행 과정이 카르마 관찰이다.

내가 관자재보살이다

카르마 관찰 100일 기도의 제3차 마지막 10일은 사홍서원
으로 일체 중생을 이롭게 하여 행복하게 만들겠다는 회향
의 기간이다.
이때는 나 스스로 관자재보살이 되겠다는 서원을 세워야
한다.

관자재보살이 누구인가.
내가 바로 관자재보살이다. 나 스스로를 보살펴라. 스스로
를 들여다보라. 모든 게 오온五蘊이고 오온은 곧 공空이다.

공의 세계는
내가 스스로 채울 수도
비울 수도 있는 공간이다.

거기에 일체고액이 있다. 똥 싸고 먹고 자고 하는 것이 알고
보면 모두 일체고액이다. 이것을 잘 살피면서 성찰해 갈 때

자신의 본래 108 카르마가 사라지는 것이다. 지금 움직이는 것을 새로운 패러다임으로 바꾸고 부족함을 채울 때, 신지식과 신진리를 잘 섭수하여 쓸 때 나의 카르마 일체가 모두 연소되는 것이다.

그러할 때 부처의 세계와 우리가 살고 있는 이 세계가 하나의 세계, 즉 불이^{不二}의 관계가 된다는 말이다.

수행하는 불자라면 대부분 독경, 참선, 명상, 3000배, 아비라 기도 등 별의별 수행법 가운데 하나쯤은 공부 삼아 해 왔을 것이다.

그러나 잊지 말아야 할 것은 모든 경전이 다 방편이라는 점이다. 모순을 제거하고 공부하는 방법을 안내해 놓은 것이 경전이다. 부처의 세계로 가는 길 안내서가 바로 경전이다. 경전을 3천독 하고, 다라니를 1만독 하고, 3천배를 하고, 사경을 몇 번 하고 하는 것들은 다 그 과정 속에서 내 마음속의 모순을 잡아내기 위함이다.

그 모순을 꺼내어 보아라.
그것이 걸림돌이 되어서
내가 가야할 길을 못 갔다는 것을 알아야 한다.

그 걸림돌을 치워버리면 그 길을 다시 갈 수 있다. 그 돌들
을 들어내라. 울컥대는 찌꺼기를 빼내고 나면 스스로가 맑
아지고 밝아져서 마음 놓고 내 길을 갈 수 있다.
그러면 세상이 훤하게 보일 것이다.

행복으로
이끌어주는
길라잡이

멘토

쫓아갈 것인가,
내 길을 갈 것인가

현대는 나에게 직접적인 큰 효과가 바로 나타나지 않으면 시간과 돈을 투자하지 않는 세상이다. 모두가 바쁘기도 하거니와 그만큼 손익계산에 익숙해져 있다는 반증일 것이다. 이는 달리 말하면 종교 지도자의 말 한마디에 무조건적으로 돈을 가져다 바치고 소원을 비는 종교시대가 끝났다는 것을 뜻한다.

물론 깨달음에 대한 열망으로, 또는 자신의 소망을 이루려 경전을 읽고 참선을 하고 108배를 하는 등 불교 수행을 하는 분들도 많다. 그러나 대부분의 사람들은 아직도 그러한 근기를 갖추지 못한 상태에서 신앙생활을 이어가고 있다. 또 열심히 불교 수행을 하는 이들도 자신의 수행법이 옳은지, 그른지도 모른 채 그저 관행만을 따르고 있는 실정이다. 그러니 백 날 수행했다고 해도 늘 그 모양 그대로이다. **부처님마을**에서 모든 경전을 한글로 풀어 처음 불교를 접한 사람들도 쉽게 이해할 수 있도록 하는 것도 이 때문이다. 절 또한 마찬가지이다. 나는 의미 없는 108배, 1000배 등은 시키지 않는다.

부처님마을의 가장 큰 특색은
현대인들에게 가장 필요한 멘토[스님]가
한 사람 한 사람의 마음을 깨우쳐주고
치료해준다는 것이다.

부처님마을에서는 멘토(스님)가 언제든지 1:1 개인 상담을 해준다. 멘토는 나의 고민과 마음의 상처를 정확하게 집어주고 잘못된 습관부터 성격 하나 하나까지 자세하게 살피고 치유할 수 있게 도와줄 수 있어야 한다.
그리고 그 과정을 통해 내 자신뿐만 아니라 가족 전체를 치료하게 만들고 또 주변을 치료하게 만들어서 개개인이 이 사회에서 진정한 행복을 맛볼 수 있게 해줄 수 있어야 한다.

부처님마을에서는 카르마 관찰로 100일 동안 나를 바꾸는 수행을 한다. 이는 사람을 잘 알고, 올

바르게 보는 법을 배우는 과정이다. 카르마 관찰을 통해 신도들이 가족 간의 소통, 사회생활 문제, 인연 문제, 사업경영 문제, 영업 문제, 학업 문제, 취업 문제 등 실생활에 필요한 덕목과 소양을 갖추게 돕는 것이다.

카르마 관찰 기법을 간략하게 설명하면 다음과 같다.
–카르마 관찰 100일 프로그램은 참여자의 근기에 따라 100일간의 메뉴가 모두 다르다.

카르마 관찰은 100일 동안 매일매일 멘토[스님]가 제자[신도]들에게 15문항 정도의 설문지를 주고, 이에 대한 자신의 생각을 적도록 한다. 이 설문에는 정답이 따로 없다. (없으므로 답이 그 안에 있는 것이다)
멘토는 응답자의 글씨체, 제출속도, 답의 내용 등에 따라 그 사람의 정신 속 행간을 가늠한다. 그 사람의 장점은 무엇이고 단점은 무엇인지, 잘못된 것은 무엇이며 왜 잘못되었는지, 잘못되었다면 어떻게 고칠 것인지, 좋은 점이 있다면 어떻

게 더 고양시킬 것인지, 등등을 매일매일 체크하며 그와의
1:1 맞춤지도를 한다.

다음은 카르마 관찰에 사용되는 설문 문항의 일부이다.

(문) 상대가 나를 볼 수 있는 정신의 힘은?
⇒ 내 생각과 마음이 움직이고 있을 때 똑같이 보고 있다.
　왜냐? 산 귀신[살아 있는 사람]은 생각 속에서의 행간을
　움직이고 있는 것이고, 그 생각의 행간을 잡아서 카르마
　100일 관찰자에게 세밀히 지도하므로 사람을 볼 수 있
　는 힘을 길러준다.

(문) 절도節度를 따지는 사람은?
⇒ 인생은 파괴破壞되고 비참해져서 통곡할 일이 온다.

(문) 내 상각·감정이 꽉 닫힌 마음은 무엇입니까?
⇒ 상대의 생각·감정을 아예 받아보지도, 듣지도 않는 것
　이다.

(문) 남 탓을 하는 사람은?
⇒ 불만이 많은 사람으로 잔병을 많이 앓는 사람이다.

(문) 남처럼 돈 벌고 싶은데.…?

⇒ 뛰지 말고 달리면서 너그럽게 걸어야 한다.

(문) 상대를 무시하지 않고 살아가려면?

⇒ 상대를 업신여기거나 무시하는 마음이 깊으면 생각이 빈
곤하고 가난해진다.

(문) 내 마음과 생각대로 하려면?

⇒ 상대방도 아는 사실을 한 생각 깊이 하고 일체 두려움을 버려라.

(문) 사람의 마음을 읽는 방법이 있다면?
⇒ 색연필을 색깔별로 지식을 통해 갖추면 상대를 정확히 그려낼 수 있다.

부처님마을에서는 100일 동안 이와 같은 문제를 스스로 풀고, 멘토에게 도움을 받는다. 부처님 가르침을 통해, 나는 왜 화를 냈을까? 나는 왜 그런 말을 했을까? 나는 왜 ○○했을까? 나는 왜 지금 나의 모습에 만족하지 못할까? 지금보다 더 행복해지려면 어떻게 해야 할까? 등등 나에게 직면한 문제들을 보다 쉽게 풀 수 있도록 돕는 것, 이것이 바로 카르마 관찰 100일 수행인 것이다.

카르마 관찰로
행복의 지름길을 가라

카르마 관찰은 어리석은 카르마를 맑고 밝음으로 깨우쳐 주고 오염된 정신을 정화시켜 주는 수행법이다. 오늘까지의 잘못을 참회하고 정리하는 기간으로 100일을 잡고 올바른 마음으로 나아가는 수행이 바로 카르마 관찰 100일 기도인 것이다.

나를 찾는 바른 공부,
이것야말로 사람학이며 자연학이며
인류학이며 경영학이다.

21세기는 인공지능과 싸워 이겨야 하는 시대이다. 인문학적 사고와 함께 카르마 운영 법칙과 이공계적 카르마 운영법칙을 내 내면에서 신 패러다임으로 갖춰야 만이 살 수 있는 시대인 것이다. 신 패러다임을 내 내면에 갖춰야 하는 이유는 나지도 죽지도 않는 불생불멸의 꽃, 나만의 꽃, 깨달음의 꽃, 변하지 않는 신진리를 모두 갖추기 위함이다.

부처님마을의 카르마 관찰 100일 기도는 불교 스피치를 정리하면서 카르마 운영 에너지를 점검하여, 내 정신의 찌꺼기를 빼내는 수행 공부이다. 사리에 어긋나고 세상에 맞지 않는 모순을 바로 잡는 공부, 그리하여 지금 내가 서 있는 이 자리에서 행복한 삶을 열어가는 공부가 카르마 관찰이다.
이 세상 일체 모든 지혜와 지식을 갖추는 방편이 '카르마 관찰'이며, '21초 명상'인 것이다. 그리고 이 모든 것을 배우는 곳이 **부처님마을**이다.

당신도 이제는 눈을 떠야 한다.
올바른 스승 밑에서 공부하여 신지식과 신진리를 완전히 갖추고 글로벌 시대, 세계무대에 당당히 나설 수 있는 불자가 되자.
그 길은 카르마 관찰 수행에 있다.

넷째
마당

21초 명상

끊임없는 긍정으로

뇌를 속여라

깊이 빠져 듦

애플의 창업자로 스마트폰 시대를 연 스티브 잡스는 평생 동안 선禪과 명상冥想을 했던 인물로 알려져 있다. 그는 "불교를 접한 것이야 말로 내 인생의 가장 중요한 일 중 하나"라고 말하곤 했는데, 애플의 로고인 한 입 배어 먹은 사과는 물론 애플 제품군의 단순한 디자인도 선 정신에서 비롯된 것으로 보고 있다.

잡스는 명상을 통해 신제품, 신기술의 아이디어를 얻었다. 화두를 통해 몰입沒入을 했고, 그 몰입으로부터 엄청난 에너지를 발산시킨 것이다.

설렘을 가지고 새로운 꿈을 꾸는 사람들은 대부분 몰입된 생활 패턴을 유지하며 살아간다. 세상을 이렇게 살아가는 사람들은 매우 강인하다. 반대로 몰입할 줄도 모르고, 몰입되지 않은 삶을 살아가는 사람들은 늘 나약하고 힘이 없다. 내공의 힘이 키워지지 않은 탓이다.

몰입이란
"나는 누구인가?" 혹은 "나란 무엇인가?"를
찾기 위해 내 능력의 최고치를
집중적으로 발휘하는 행위이다.

사전적 의미로 본다면 몰입沒入이란, '깊이 파고드는 것' 또는
'어떤 대상에 깊이 빠지는 것'을 말한다.
이러한 몰입은 내 삶을 전환시키는 원동력이 된다. 몰입은
내 정신의 문화적 가치를 사유하고 탐구하고 이것을 느끼는
고도의 정신활동이다. 몰입은 하나에 집중하여 좀 더 깊이
있게 사유하는 시간을 갖게 됨으로 만족감과 자존감을 높
여준다. 따라서 몰입하면 할수록 내가 하려는 일들이 한결
잘 이루어진다.

몰입의 효과를 높이려면 인문학의 바탕이 있어야 한다. 인
문학은 나와 다른 사람을 보는 공부이다. 인문학을 모르면
그 어떤 것을 하든지 기본기가 다져지지 않은 탓에 마치 모
래 위에 집을 짓는 격이 되고 만다.
몰입은 내게 부족한 것이 무엇인지, 불량이 난 곳이 어디인
지를 스스로 알게 해 준다.

특히 카르마 관찰 수행에 몰입을 적용시키면 내 몸과 생각을 쉽게 정화시킬 수 있다.

부처님마을에서는 '21초 몰입'을 강조한다. '21초 몰입'은 생존과 행복, 자아실현을 동시에 추구할 수 있는 수행법이다. 늘 자신의 삶을 성찰하며 IQ, EQ가 좋아지는 방식의 수행을 반복함으로써 나의 지식 질량을 늘리는 공부가 바로 '21초 몰입'이다.

머릿속에 새 길을 내라

몰입은 내 머릿속에 고속도로를 내는 반복적인 수행법이다. 하지만 꽉꽉 막혀있던 머릿속을 뻥 뚫어놓는다는 것이 쉬울 리 없다. 어느 한순간도 스마트폰에서 눈을 떼지 못하는 젊은이들, 세상일에 찌들어 눈길조차 돌릴 여유도 없이 사는 직장인들, 모두가 단 5분을 가만히 앉아 있기도 힘들어 한다.

작정하고 달려 들었다가도 1분도 못 견디고 순간적으로 솟아오르는 잡념에 떨어지고 만다.

'21초 몰입'을 창안하고 수행에 접목시킨 것도 나 역시 똑같은 시행착오를 겪어왔기 때문이다. 나 또한 도저히 몰입을 하기가 어려웠고, 어떻게 해야 몰입에 들어갈 수 있는지를 알 수가 없었다.

그리고 수많은 시행착오 끝에 마침내 깨달았다.

몰입을 방해하는
내부와 외부의 위험 요소를 제거하기 위해서는
끊임없이 뇌를 속여라.

인간의 뇌는 너무나 게을러서 움직이려 하거나 다른 방법을
찾으려 하지 않는다. 길을 갈 때도 본래 가던 길로 가려 하지
조금이라도 낯선 길은 안 가려고 하는 것이 인간의 뇌이다.
이런 뇌를 끌고 가기 위해서 속이는 길 외에는 답이 없다.

내 인생의 목표가 행복에 있다면 의도적으로, "행복을 위해
서는 이것을 하지 않으면 안 된다. 나는 꼭 해낼 것이다."라
고 끊임없이 다짐해야 한다. 이것이 뇌를 속이는 과정이다.
혹 안 외워지는 것이 있다면 21번을 외우면서 말을 하라.

처음부터 욕심 부리지 말고 한 구절, 두 구절씩 나눠서 해도 된다. 그렇게 의도적으로 마치 최면술처럼 유도^{有道}해라.

그러면 그때까지 몰랐던, 기억에 없던 것들을 어느새 나도 모르게 알게 된다.
막혀 있던 뇌가, '이 사람, 이거 아니면 죽는구나!' 하는 생각이 입력되는 순간 새로운 선로를 깔고 길을 뚫어주는 것이다.

뇌 속에 내가 바라는 방향으로 고속도로가 생기는 것이 몰입적 사고이다. 이 선로가 깔리는 순간 당신의 인생에서 풀리지 않는 문제란 없다. 모든 문제를 다 해결하며 행복한 삶을 살아갈 수 있다. 새로운 선로가 관통되면 더 힘이 나고 더 재미있어 진다. 스케이트 타는 기분이 든다. 이 몰입 훈련이 이뤄지면 공부나 일, 가정문제 등 풀리지 않는 문제에 닥쳤을 때, 힘들어지는 것이 아니라 마치 놀이기구를 타는 것처럼 또는 새로운 게임을 하는 것처럼 재밌어 진다.
온갖 잡념 대신 한 가지 대상에만 정신을 집중함

으로써 오는 행복감, 즉 삼매경^{三昧境}에 젖어드는 것이다. 무의식 속의 자아 공부는 내가 알아간다는 것에 대한 만족감을 높여준다. 몰입은 매우 디테일한 희열감을 가져다준다. 저 어렵고 힘든 과정에서 경험되는 행복감과 희열, 몰입을 해보지 않은 사람이 그 맛을 어찌 알겠는가.

그만큼 몰입은 절실하게 해야 한다.

반복은 몰입을 익숙하게 해준다.

수작 부리지 말고 몰입하라. 복잡다단하고 급변하는 환경에서 몰입에 성공하려면 인욕바라밀의 실천이 뒤따르지 않고는 불가능하다. 견디기 힘든 것을 참아내는 인내심을 발휘할 때 몰입 또한 가능하다. 괴로움이나 어려움 따위를 참고 견뎌내라. 참고 기다릴 줄 아는 대 자연의 느긋함을 기꺼이 받아드려라. 인욕은 당신의 인생에서 가장 현명한 동반자이다. 이를 위해서는 무조건 하심을 하되 명확히 내가 알아차렸는가? 여기에 이해가 가야 한다.

'21초 몰입'으로 힐링을 하게 되면 내면의 정신이 치유됨으로 해서, 육신의 나이가 아닌 정신적 나이를 먹게 되어 늘 만족하고 흐뭇한 생각을 하며 살아 갈 수 있다. 불안정한 삶에서 벗어나 완전하고 행복한 삶을 살 수 있는 것이다.

그러나 잊지 말아야 할 것이 있으니, 오늘날의 세상은 모두가 연결된 '웹 시대'라는 것이다. 달리 말하면 나 혼자만의 행복으로 다 해결되는 세상이 아니다. 행복은 나만의 것이 아닌, 행복을 조화롭게 이끄는 서로 다른 보이지 않는 '생각의 웹'까지 이해하는 것이 되어야 한다.

행복조차 나눠야 하는 까닭이 여기에 있다. 무조건 나눠주어라. 나는 물론 다른 이도 모두 행복하기를 기원하라.
나의 행복을 남과 함께 나누는 이타적인 삶, 그것이 곧 보살의 삶이 아니던가.

늘 질문하라

우리 인생은 그 자체가 질문 덩어리이다.

인간이란 존재가 본래 모순 덩어리이니 당연한 일이 아닐 수 없다. 부처님은 그런 인간이 근원적으로 갖고 갈 수밖에 없는 삶의 고통에서 벗어나기 위해 출가했다. 그리고 고통스럽고 불만족스러운 삶에서 벗어나 행복한 삶을 살 수 있는 길을 열어 주었다. 실로 엄청난 선물을 준 것이다.

후대의 불교인들, 특히 중국의 선사들은 이러한 부처님의 가르침을 이어 '나는 누구인가?'란 질문을 던져 놓았다. 나 또한 출가한 이후 이 화두를 붙들고 살았다. 그러나 나의 화두는 여기에서 한 걸음 더 나아갔다. 나는 세 가지 화두를 들었다. 그것은 '21초 몰입'의 최종 화두이기도 하다.

나는 누구인가? – who am I?
어떻게 살 것인가? – how to live?
어떻게 죽을 것인가? – how to die?

여기에서 "나는 누구인가?"와 "어떻게 죽을 것인가?"는 "어떻게 살아야 수행자답게 바르게 살다 하직下直하느냐?"에 대한 답을 얻기 위한 질문이다.

"어떻게 살 것인가?"는 출가 전은 물론이고 출가 후에도 나의 가장 큰 고민거리였다. 그 답을 찾기까지 20년이 걸렸다.

인간은 홀로 살 수 없다.

늘 다른 사람의 눈을 마주하며 살아가는 존재가 인간이다. 하기에 '나는 누구인가?'란 질문을 던질 수밖에 없다. 그렇다면 당신은 또 누구인가? 이렇게 끊임없이 질문하며 살아가는 것이 사람답게 사는 것이며, 이것이 곧 불교의 철학이고 인문학이다.

몰입은 목표를 이루는 과정에 집중하여 설계도를 정교하게 그려 나가는 과정이다. 의문과 사유를 통해 계속 정진해 나가는 과정이다. 따라서 어떤 문제가 발생하면 그것을 안고 끊임없이 의문을 품어라. 단, 그 과정을 즐겁게 생각해야 한다.

처음에는 21초이지만, 이것이 반복되면 몇 시간이 되고 며칠이 된다. 그러한 경계에 이르면 모든 일이 저절로 해결

된다.

"왜 이렇게 힘들고 재미없을까?"
이런 잡생각이 들 때는 얼른 '몰라' 하면서 21초 동안 무^無에
몰입하라. 현상의 자아가 무의식하고 부딪쳐서 싸움이 일어
나면 일단은 그냥 '몰라' 하고 그대로 밀고 나가야 한다. 이
렇게 계속하여 반복하다 보면 하기 싫었던 것도 어느새 즐
거움으로 변하게 된다.

이것은 재미없는 일을 재미있게 바꾸는 연습인데, 사실 강한 의지가 있지 않은 이상 아주 어려운 일이다. 보이지 않는 자신과의 끝없는 싸움이다. 그래도 억지로라도 즐거운 마음으로 해야 한다. 뇌에 새로운 선로를 깔고 그 길을 가는 일이 쉽게 이루어질 리 없지 않은가?

몰입의 방법

강원 시절, 새벽 예불 때의 일이다.
앞에 있던 시계 바늘이 초를 다투며 가는데 왜 그렇게 빨리 가는지, '어저께 내가 한 일이 무엇이 있나?' 하는 생각이 들면서 무척 초조한 생각이 들었다.

그런데 그날 나는 무슨 이유에서인지 도반들에게 말실수를 하고 말았다. 쓰라린 후회가 밀려와 너무 괴로웠다. 나는 세상에서 제일 무서운 게 죽음이었다. 그런데 그 죽음을 해결하기 위해 중이 되고 보니, 죽음보다 더 무서운 게 후회였다. 후회로 가득한 지나간 시간은 돌이킬 수 없기 때문이었다. 후회하며 떠나보내는 1초, 2초의 시간이 너무나 무서웠다.

헛되이 잘못 보낸 하루는 내일이 있고,
헛되이 잘못 보낸 한 해 다음엔 내년도 있지만,

수행자가 헛되이 잘못 보낸다면
다음end 인생은 없다.

순간 너무 섬뜩했다.

"수행자가 하루를 잘못 보냈다? 그런 수행자의 삶이라면 쓰레기통에 버려진 폐기물과 무엇이 다를 것인가?"라는 생각이 들었다. 이건 아니었다.

그날 이후 난, 죽을 때 후회 없이 연소하려면 내 1%도 남김 없이 대승보살의 삶으로 회향해야겠다는 생각을 갖게 되었다. 내 삶의 마지막 날 비참하지 않게 회향하려면 후회 없는 삶을 통해, 100% 내 전부를 불태워야 한다.

목표도 세웠다.

행주좌와 어묵동정行住坐臥語默動靜.

걷고, 머무르고, 앉고, 누워있을 때 그리고 말하고, 침묵하고, 움직이고, 가만히 있는 일상생활의 모든 순간을 몰입된 정신으로 살아가자.

그렇게 난 20년 동안 몰입하는 삶을 살아왔고, 오늘도 또한 그렇게 살고 있다. 이처럼 생활 속에서 최선을 다하는 것이 생활인의 도道이다.

부처님마을에서 나와 함께 살고 있는 신도들 역시 같은 각오로 수행하고 있다.

아인슈타인Albert Einstein이 말했다.

"나는 머리가 좋은 것이 아니다. 문제가 있을 때 다른 사람들보다 좀 더 오래 생각할 뿐이다."

'오래 생각한다'는 아인슈타인의 이 말 또한 몰입을 뜻한다.

다음은 몰입을 보다 쉽게 잘하는 방법이다.

① 잠은 적당한 시간 동안 푹 자야 한다.

② 정신이 깨어있는 시간에는 단 1초도 생각이 멈춰선 안된다. 화장실에 갈 때도 밥을 먹을 때도, '지금 이 문제를 해결하지 않으면 죽는다.'라는 각오로 한 생각을 놓치지 말아야 한다.

③ 규칙적인 뇌운동과 함께 21초 동안 만이라도 몰입 훈련을 해야 한다.

④ 하나를 읽더라도 21번 크게 소리 내서 읽어라. 책을 21번 읽는 훈련은 뇌 선로를 확장시키는 과정으로 시간이 걸리므로, 21일은 기본으로 해야 한다.

⑤ 이완된 휴식이 필요하므로 5분 정도의 선잠은 매우 효과적이다.

⑥ 내가 올바로 이해하고 주입할 수 있는 질량인가를 바르게

판단하라. 이때 중요한 것은 해설을 보지 말아야 한다.

⑦ 객관식을 주관식화 하는 습관을 들여 무지無知 · 무명無明을 스스로 연소시킬 수 있는 해결책solution을 찾아라.

⑧ 어떤 성과를 바라지 말고 지금 이 과정을 중요시 여겨라.

⑨ 분명한 목표를 세우고 선택과 집중의 끈을 놓지 말고 끊임없이 정진하라.

⑩ 수행은 오직 반복, 복습 훈련이다. 아는 것도 무한 반복하라. 뇌는 반복할수록 중요하다고 여기므로, 절대로 내 생각을 중단하지 마라.

긍정과 부정, 행과 불행은

모두 내가 짓는다

21초를 구성하는
3과 7의 의미

우연의 일치가 모두 부정적으로 나타날 때의 현상을 보통
'머피의 법칙'이라고 한다. 또 이와는 정반대로 좋은 일만
거듭해서 일어나는 것을 '샐리의 법칙Sally's Law'이라고 한다.
영화 '해리가 샐리를 만났을 때'에서의 여주인공 샐리의 모
습에서 따 온 용어로, 긍정의 마인드를 갖고 있으면 나쁜 일
도 오히려 전화위복轉禍爲福이 되어 좋은 결과를 가져온다는 의
미를 담고 있는 게 '샐리의 법칙'이다.

불과 몇 십 년 전만 해도 우리의 부모들은 아이가 탄생하면
대문간에 3×7(21)일 동안 금줄을 걸어놓곤 했다. 여기에
는 빈부격차貧富隔差와 신분고하身分高下가 따로 없었다. 빨간 고
추가 걸리면 아들이었고, 솔가지만 걸려 있으면 딸이었다.
금줄은 '이곳은 아기를 갓 출산한 집이니 출입을 삼가해 달
라.'는 의미를 담고 있다. 부정한 것의 침범이나 접근을 막
아 아이가 건강하게 잘 자라기를 기원하는 부모의 마음이 담

겨있는 것이다.

다시 말해 갓 태어난 아이에게 좋은 일만 생기기를 기원하는 부모의 긍정적인 마인드가 결합되어 시각화 된 것이 금줄이다.

이 세상에 사람으로 태어나 건강한 몸으로 살아가는 것은 커다란 복이다. 그렇게 큰 복을 받은 한 번뿐인 인생인데, 행복하고 훌륭한 삶을 살기 위해 노력하는 것은 당연한 일이 아니겠는가. 이왕 사는 것 행복하게 살자. 나는 물론이고 친구나 동료, 이웃 모두를 행복하게 살도록 이끌어 주자.

하필이면 왜, '21초 몰입'을 말하는가?
$3 \times 7 = 21$이란 숫자는 모두가 양수로 이루어져 있다. 예로부터 3은 최초의 양수 1과 최초의 음수 2를 합한 완전한 숫자로 완성을 상징한다. 또한 하늘의 완전수인 3과 지상의 완전수인 4를 더한 7은 생명과 신성함을 상징하는 숫자이다.

21은 생명의 상징인 7을 세 번(3) 거듭하여
완전하게 완성시키는 숫자이다.

뿐만 아니라 21은 0을 뜻하는 숫자이다. 몰입의 시간을

'21'초로 숫자화 한 연유가 여기에 있다. 0이란 무엇인가?
우리의 삶이 그렇듯 모든 것은 무無, 즉 제로베이스에서 출발
한다. 불교 공부, 특히 여기에서 강조하는 카르마 관찰은 제
로베이스에서 시작할 때 그 성과도 빠르다. 지금까지의 나
는 몽땅 다 던져버리고 새로운 나를 만들어나가는 작업, 그
것이 곧 카르마 관찰이며 '21초 몰입'이다.

어떤 관점으로 세상을 보느냐에 따라 삶 또한 달라진다. 어
떻게, 어디에 몰입하느냐에 따라 나를 대박 난 삶으로 성장

시킬 것인지, 아니면 쪽박 난 삶을 그대로 살아 갈 것인지가
결정된다는 말이다.

3×7=21이 21세기의 '21'과 합치된 이유는 긍정과 부정이
모두 쓰이기 때문이다. 무에서 창조되는 무한한 가능성, 하
지만 결국은 무로 회귀해야 하는 삶의 보편성을 담고 있는
숫자가 '21'이다.

인간人間이 곧 부처佛이며 신神이고 자연自然이다.

무한한 가능성을 갖추고 있는 나.
하지만 우리는 내 자신을 모른 채 그냥저냥 살아간다. 내 안
에 오롯이 담겨 있는 보석을 바깥에서만 찾는 것이다.

그 이유는 우리의 삶이 다음과 같은 패턴을 벗어나지 못하
기 때문이다.

① 볼 것 다보고 : 정안正眼
② 생각할 것 다하고 : 사유思惟
③ 말할 것 다 퍼붓고 : 정어正語
④ 거짓말과 나쁜 말, 이간질과 속임 말 – 망어妄語 · 악구惡口 ·

양설兩說 · 기어綺語 - 로 상대에게 상처를 주고 : 정업正業

⑤ 올바른 행위를 하지 못하여 : 정명正命

⑥ 살아 갈 용기마저 사라진 상태로 내 인생이 모두 어긋났다는 것을 알게 되지만 : 정정진正精進

⑦ 지금 바른 인식이 없으므로, 그 어떤 목적과 목표를 정할 수도 없기에, 괴로움에 빠져 죽는 날만 기다리는 - 정념正念 - 에 빠져있다.

⑧ 따라서 정해진 게 없으므로 선정禪定에 들어갈 수 없다.

하지만 나를 버리고, 내 것을 버리고 나아가는 삶. 곧 모든 욕망과 집착을 떨쳐버린 삶은 나를 바른 업業으로 이끌어 선과 악의 갈림길에서 벗어나도록 한다.

그 방법론으로 불교가 내세운 것이 바로 팔정도의 길이다.

① 정견正見

올바른 눈으로 분별해서 나와 다른 세계관과 인생관의 인과를 올바르게 보는 지혜이다. 카르마 관찰은 정견의 눈으로 세상을 바라보는 것이다.

② 정사유正思惟

이목구비耳目口鼻의 뚜렷한 의사 표현 또는 결의를 가리킨다.

올바른 사유를 통해 자비와 충정의 마음으로 나와 다른 사람을 기억하고 바르게 생각하는 것이다.

③ 정어正語

생각 뒤에 따라붙는 언어적 행위이다. 거짓말, 나쁜 말, 시기, 질투, 이간질, 속이는 말 등을 하지 않고, 언제나 진실하게 나와 다른 사람을 사랑하며 화합시키는 유익한 말이다.

④ 정업正業

생각 뒤에 따라 붙는 육체적 행위이다. 시기, 질투, 악행이 아닌 생명을 존중하고, 자비를 베풀고, 성도덕을 지키는 등의 행위와 도리를 말한다.

⑤ 정명正命

올바른 생활습관이다. 생업활동을 올바르게 하는 것으로 일상생활을 규칙적으로 살아가는 것이기도 하다. 정명은 올바른 인성을 갖추게 하여 스스로가 행복해지고 일의 능률도 향상된다. 또한 관운, 재운, 학운, 건강운, 교우운도 따른다.

⑥ 정정진正精進

올바른 용기를 가지고 바르게 노력하는 것을 말한다. 정진은 또 다른 이념을 추구하며 노력하는 것으로, 육체와 정신을 비롯한 모든 내 텃밭에 선善의 씨앗을 뿌리는 것이다. 다시 말해서 내 모순矛盾된 악행을 줄이기 위해 노력하는 것이다.

⑦ 정념正念

올바른 정신을 가지고 언제나 내 이상과 목적을 잃지 않는
것이다. 즉, 생활 속에서 맑고 밝은 정신으로 살아가는 것
으로 무상無常 · 고苦 · 무아無我의 진리를 깨닫고자 하는 흔들림
없는 마음이다.

⑧ 정정正定

선정禪定을 가리킨다. 계戒 · 정定 · 혜慧를 지켜 정신을 올바르
게 잡아 회향하는 것이다. 이타적 삶으로 모든 것을 사회에
환원하는 것으로, 깨끗하게 연소된 보살 정신을 가리킨다.
에너지와 빛으로 완전히 연소되어 청정법신 비로자나불의
세계로 떠난다.

4차 혁명 시대의
수행법

긍정적이든 부정적이든 내 주변의 환경은 시시때때로 변한
다. 특히 물질문명의 발전은 눈 돌릴 틈조차 없을 만큼 급
변하며, 하루가 다르게 현대인의 삶의 형태를 바꿔 놓고 있
다. 오늘날 서울에서 부산을 가려는 사람이 저 옛날처럼 짚
신을 끌며 걸어가고 있다면 비웃지 않을 사람이 없을 것이
다. 주된 교통수단이 KTX나 비행기로 바뀐 요즘이고 보면
새마을호를 타고 가는 사람이 희귀할 정도이다. 과학의 발
전은 이렇듯 생활 속에 깊숙이 파고들며 인간의 사고방식과
행동양식에 영향을 주고 있다.

그럼에도 불교계는 아직도 전통적인 수행법만 고집하고 있
다. 전통 수행법의 장점까지 무시할 수는 없지만, KTX가
횡횡하는 시대에 짚신 신고 다닐 때의 수행법만을 고집하는
걸 어떻게 보아야 할까.
21세기는 신지식인의 시대이다. 불교적으로는 미륵불의 시

대로 사람들 모두가 눈을 뜬 정보화시대이다. 이러한 때에 짚신만을 고집하며 부산까지 갈 수는 없지 않은가.

세계는 이미 네 번째 변화의 물결에 접어들었다. 문화 강국, 경제 대국은 물론이고 글로벌 기업들도 발 빠르게 대응하며 그 물결에 탑승하기 위해 지식경쟁을 시작했다. 세상은 이렇게 급변하는데도 우리는 4차 혁명의 물결을 지켜보고만 있는 것은 아닌지, 걱정스럽기만 한다.

불교 사상은 인류 역사상 가장 훌륭하고 위대한 가르침이다. 그러나 시대가 변화하고 문화의 조류가 바뀐 이상 불교의 가르침도 그에 맞게 변모할 수밖에 없다. 다종다양한 시대의 현상에 알맞은 여러 모습으로 다가갈 필요가 있다는 말이다. 부처님의 설법을 대기설법對機說法이라 하듯이 그 사람의 근기에 맞게, 그 사람의 병에 맞는 치료제가 되는 응병여약應病與藥의 수행법을 제시해야 하는 까닭이 여기에 있다.

카르마 관찰과 21초 몰입은
불교의 전통 수행법을 계승 발전시킨
21세기 신불교 시대의 수행법이다.

불교 전통의 수행법은 아니지만, 그렇다고 그것과 다른 것도 아니다. 분명한 것은 참선과 명상 등의 불교 수행법을 21세기라는 디지털 시대와 인공지능 시대에 알맞게 재정립한 수행법이라는 것이다.

사전적 의미로 볼 때, 카르마는 전생에 지은 소행 때문에 현세에 받는 응보를 뜻한다. 카르마는 생활 속에서 이루어지는 모든 심신心身의 활동, 즉 생업生業 그 자체인 동시에, 그것으로부터 비롯되는 과보를 포함한다. 따라서 일체의 모든 행위는 카르마를 떠나서 이루어질 수 없다.
이 카르마를 어떻게 운영運營하고 경영經營할 것인가? 어떻게 하면 번뇌의 카르마를 6바라밀이라는 진리 속에 녹여내어 우리 모두가 행복하게 살아갈 수 있을까를 찾아가는 수행법이 카르마 관찰이며, 21초 몰입이다.

대승보살, 대승행자로 살다가 온전히 내 한 몸 연소시키고 떠나기로 작정한 뒤로 두려울 게 없었다. 다만 출가 수행자로서 부처님의 가르침을 제대로 굴려보지도 못하고 떠나면 어찌하나? 그것만은 늘 두려웠다. 중이 중답게 중노릇을 하는 길은 무엇일까? 21세기라는 시대에 맞게 사람들의 마음을 열고, 불법佛法의 진리로 들어오게 하여 행복한 삶을 주는 길은 무엇일까? 그 구도의 길에서 찾은 수행법이 카르마 관찰과 21초 몰입이다.

21세기의 신新 지식인知識人은
선禪 지식인知識人이 되어야 한다.

이것이야 말로 우리 불자들, 특히 스님들이 해야 할 몫이다. 참선을 하고 염불을 하더라도 세상 속에서, 사람들 속에서 이루어져야 한다. 산속에서 혼자 수행만 해서는 언제 중생을 제도할 것인가?

부처님마을에 가다

1. 부처님마을은 인공지능시대의 수행 공동체

2. 멘토로 거듭나는 행복한 수행

3. 유튜브로 소통하는 부처님마을

4. 부처님마을의 라이프 스토리 / 수행록

| 내가 만난 스승이야기 | 방게 | 감사의 합장 | 봄이 왔습니다

부처님마을은

인공지능시대의
수행 공동체

부처님마을은

부처님마을은 카르마 관찰 수행을 통해 마음을 행복하게 하는 방법을 함께 수행하는 절이다. 카르마 관찰을 100일 동안 절차탁마하여 나의 지식질량을 높이는 도량이다.

디지털 시대, 정보화 시대가 진화될수록 우리들의 삶은 직접 교류보다 컴퓨터나 스마트폰을 통한 간접 교류에 더 익숙해지고 있다. 함께하는 시간보다 나 홀로 지내는 시간이 더욱 많아졌고, 그만큼 따뜻한 감성보다는 기계적 사고에 빠져들고 있다. 이러한 사회적 분위기는 현대인들에게 많은 정신질환을 안기고 있다.

점점 더 많은 사람들이 마음의 치유를 간절히 원하고 있다. 그러나 그 마음을 달래기 위해 교회나 절을 찾는 사람들은 오히려 줄어들고 있다. 이런 현상은 불교 신앙인들한테서 더욱 두드러진데 수년 사이에 불자의 수가 현격히 줄어든 현상은 인구 통계만 보아도 금방 알 수 있다.

현대인들은 불필요한 일에 에너지를 낭비하려 들지 않는다. 문명의 발전과 함께 인간의 뇌도 너무나 진화되어서 직접적인 큰 효과가 바로 나타나지 않으면 아예 거들떠보지도 않는 것이다.

굳이 시간과 돈을 투자하면서
신앙생활을 하지 않는 시대.
불교인들이 마음의 병을 치유해 주는
진정한 멘토로 거듭나야 하는 까닭이
여기에 있다.

지금까지의 불교는 현실에서의 불만족과 고통으로 인해 마음의 병을 앓는 신도들에게 적절한 치유의 방법을 알려주지 못했다. 보다 알기 쉽게 이해되도록 설명해줄 수 있는 방법론을 생각해내지도 못했다.
'집착을 내려놓아라, 나를 내려놓아라.'고 말만 했지, 그것을 '어떻게' 해야 하는지는 말해주지 않았다. 경전과 조사어록, 또 자신의 체

험담을 엮어 자세하게 설명한 예가 없는 것은 아니다. 하지만 대개의 경우 평범한 불자들에게는 뜬구름 잡는 이야기에 불과해 실제 생활에서는 별 도움이 되지 못하는 실정이다.

물론 그렇지 않은 사찰, 그렇지 않은 스님들도 많이 계시니만큼 불자들도 바른 안목을 갖고 종교생활에 임해야 할 것이다. 다만 경전이나 읽게 하고, 절을 시키고, 불전공양이라는 명목 아래 돈과 쌀은 바치게 하면서도 깨달음은 스스로 알아서 구해야 하는 종교생활. 이것이 일반적인 불교신행의 현재 모습이라는 것이다. 참으로 딱한 일이 아닌가?

부처님마을이
기존의 불교방식을 완전히 타파하고,
AI시대에 맞는 불교 수행법을
전파하는 이유가 여기에 있다.

지금까지 수행해 오면서 느낀 것이지만, 스님을 비롯한 불교계의 지도자 그 누구도 불자들에게 비물질非物質(여기에서 비물질이란 진리를 말함) 대한 정확한 가르침을 주는 분은 없었다. 오히려 보이는 것, 물질적인 것에 충실하게 추종하는 모습만을 보여 주었다.

그러다 보니 잘 모르는 대중들까지도, '남들이 다 그렇게 하니, 나도 그래야겠지.' 하는 맹목적인 마음으로 무엇인지도 모르고 무작정 따라해 왔다.

이러한 맹목적인 기도는 지금 이 시간에도 횡횡하고 있다. 21세기, 인공지능시대라는 이 첨단 세상에서 일심정성으로 비는 것만으로 소원을 이룰 수 있다는 믿음. 그 순수한 마음이야 너무도 아름답지만 그 마음을 이용하는 사람들이 너무 많다. 그래서 안타깝다.

21세기, 미륵불 시대에서는 아무리 지극정성이라 해도 비는 것만으로는 행복을 찾을 수 없다. 오늘날의 첨단시대에는 인공지능시대에 어울리는 또 다른 불공, 또 다른 수행법이 필요하다.

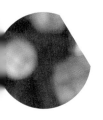

멘토로
거듭나는

행복한 수행

부처님마을에서는

부처님마을에서는 모든 경전을 한글로 해석해 놓은 것만 사용하여 처음 불교를 접하는 사람들도 쉽게 이해할 수 있도록 하고 있다. 지금도 많은 사찰에서 관행적으로 쓰고 있는 한문 위주의 경전은 뜻을 전혀 알 수 없을뿐더러, 논리적인 이유가 납득이 되어야 받아들이는 현대인들의 사고 성향으로는 무슨 말인지를 전혀 알 수도 없는 주문들이 반복되는 경전을 읽게 하는 것 자체가 맞지 않기 때문이다.

절 또한 마찬가지이다. **부처님마을**에서는 정신 치유하는데 아무런 의미 없이 108배, 1000배 등을 절대로 시키지 않는다. 현대의 젊은이들이 가장 거부하는 것이 바로 절인데, 힘들기도 하지만 무엇보다 '누군가에게 절을 한다.'는 그 자체를 쉽게 받아들이지 못하기 때문이다. 이것은 절에 대해 이해할 수 있도록 충분한 설명을 안 해줬다는 증거이기도 하다.

그러나 카르마 관찰을 통해 마음을 행복하게 하는 방법을 공부하다 보면 시키지 않더라도 스스로 물리物理가 터져서 시키지 않더라도 108배, 1000배를 한다.

부처님마을에서는 진정한 진리 · 지식을 갖춘 멘토가 현대인 들이 이해하기 쉽게 그리고 일상생활에서 바로 적용할 수 있도록 불교진리를 풀어준다. 이를 위해서는 신도 멘토를 양성하는 것도 중요한데, **부처님마을**에서 카르마관찰 수행 을 하다 보면 자신도 모르는 새 멘토가 되어 있는 자신의 모습을 볼 수 있다. 그리 하여 수행이 지속될수록 지식 · 질량이 가득 찬 멘토의 멘토로서 점점 올라서며 자신의 가 치를 향상시켜 나가는 것이다.

내 안에 지식 · 질량이 가득 찰수록 지혜가 일어난다. 지금 겪고 있는 고민과 고통을 스스로 잘 해결하며 살아갈 수 있 는 지혜, 남의 어려움을 해소시켜 줄 수 있는 지혜가 저절 로 일어난다.
그리고 이러한 지혜를 동반하는 카르마 관찰은 불교가 어 려워서 포기한 사람들도 재미있게 깊이 공부할 수 있도록 에너지를 폭발적으로 증가시킨다.

부처님마을에서는 언제든지 멘토가 1대1일 개인 상담을 해준다. 마음의 상처를 정확하게 짚어주고 잘못된 습관부터 성격 하나하나까지 디테일하게 고쳐주는 것이다. 이것은 근본 원인을 찾아 치유해주는 것으로 내 자신뿐만 아니라 가족 전체를 치료하고 또 주변을 치료하도록 만들어서, 사회 구성원으로서 진정한 행복을 맛볼 수 있도록 하는 것이다.

부처님마을 행복 수행청규

① 카르마 관찰을 통해서 나와 다른 사람들의 카르마가 어떻게 다른지를 분석한다.
② 실상법인 카르마 관찰을 통해 도반들끼리 잘못된 모순과 성질을 뺀다.
③ 카르마 관찰을 수행하면서 가장 힘들 때, 가장 어려울 때, 그의 생각·감정이 어떻게 나오나 관찰하여 서로의 모순을 뽑아주고 관리해주는 학습을 한다.
④ 항상 깨어있는지 확인한다.
⑤ 항상 입꼬리를 올리고 "감사합니다. 나는 행복합니다."를 염불하듯 염송한다.

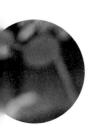

유튜브로
소통하는

부처님마을

부처님마을의
또 다른 특색

부처님마을의 또 다른 특색은 세상이 진화할수록 그에 맞추어 패스트푸드처럼 쉽고 빠르게 대중들과 소통하고 있다는 것이다. 즉- 패스트푸드 속에 부처의 진리가 숨어있는 걸 꺼내어 확인해준다는 것이다.

현대의 대중들은 곧바로 효과가 나타나는 정신치유법을 원하며, 이를 만족케 하는 수행법을 추구한다. 따라서 **부처님마을**은 외부에서도 간편하게 보고 깨우칠 수 있도록 짧은 동영상 강의를 매일매일 유튜브(You Tube)에 올리고 있다. 내용이 궁금한 분은 스마트폰 유튜브 어플리케이션을 실행하여 '카르마 100일'을 검색하면 강의를 들을 수 있다.

21세라는 시대의 흐름에 맞춘
진심을 다한 포교.

부처님마을은 부처님의 진리를 최첨단 프로그램으로 발전시켜 미륵불시대에 맞춤형 포교하고 있다.

4차 혁명이 화두인 요즘이다.

2016년 바둑천재 이세돌 9단을 꺾으며 세계에 충격을 주었던 구글의 인공지능(AI) 바둑 프로그램 '알파고'는 그 뒤 더욱 진보하여 이제는 스스로 학습하는 과정을 반복함으로써 정확성이 더욱 높아졌다고 한다.

영화 '아이언맨'의 주인공 토니 스타크의 비서실장으로 등장하는 인공지능 '자비스'는 남자 주인공의 섬세한 감정까지 이해한다.

이것을 그냥 상상 속의 이야기로만 취급할 것인가? 인간이 만든 기계가 어느 수준까지 오를지는 아무도 모른다.

다만 분명한 것은 인공지능이 앞으로 우리의 생활의 물결 어디까지 파고들지는 모르겠지만, 그 어떤 경우라 해도 **부처님마을**의 카르마 관찰 또한 그에 발맞춘 수행법으로 거듭나리라는 것이다.

부처님마을의

라이프 스토리

내가 만난 스승이야기

향설화/ 2018.2.20.

우리 집 거실 한 쪽 벽면에는 족자가 걸려있다. 노란 꽃술을 품고, 붉은색 꽃잎을 자랑하는 목단꽃 그림이다. 상단에는 '부귀영화'라는 글귀가 있는데, 재물이 불어나고 귀한 존재로 살아가라는 깊은 뜻이 담겨 있다.

우리 스님 보현스님은 처음 인연이 닿았을 때 나에게 목단화를 선물로 주시면서, '모든 것을 내려놓고 공부해서 자유인으로 살라.'고 하셨다.

좋은 인연을 만나는 것은 삶의 방향을 바꿀 수 있는 기회가 되기도 한다.
스님께서는,
'진리가 무엇인지?'
'나란 존재는 무엇인지?'
'내가 어디서 와서 어디로 가는지?'

깊은 진리에 대한 가르침을 주셨다. 그리고 어리석음에서 눈을 뜨게 하셨다.

무지와 무명을 걷어내는 과정은 몸과 마음으로 직접 부딪쳐야 했다. 막힌 것을 뚫어내는 과정은 백일기도를 시작으로 천일, 2천 일까지 이어졌다.

처음 참회하는 방법은 자비도량참법을 기초로, 주변의 인과를 빨리 풀어야 된다고 하시면서,
'화 내지 말아라.'
'한번 화를 내면 108가지 지혜가 사라진다.'
'욱욱 올라오는 것 전부가 화요, 한이다.'
'습관적으로 해왔던 잘못된 버릇을 확 빼 버려야 한다.' 등의 법문을 매일매일 해주셨다. 법문은 한 시간, 두 시간, 몇 시간씩 이어졌다.
'막힘없는 내 모습은 어떨까?'
궁금했지만 스님의 열정에 감히 여쭤볼 수가 없었다.

스님께서는 자신 앞에 주어진 신도는 그 대상이 누가 되었건 그 한사람을 위해 거침없는 법을 끝없이 펼치셨다. 정말 신기했다.

병든 자에게는 약사보살님이 되어 몸과 마음을 만져주셨다. 직접 약재를 사서 북한산 꼭대기 맑은 기운이 담겨진 물을 가져와 항아리에 정화시켜 차로 달여서 마시게 하는 정성을 쏟으셨다. 어떻게 해서든 원기회복을 시키셨다. 음식 또한 미네랄과 생식 등 스님께서 직접 만들어 주셨고, 머리부터 발끝까지 세포 하나하나 겉과 속을 청소해 주셨다.

도반들이 여러 명이라 스님께서 힘이 드셔서 피부에 붉은 반점이 돋아나곤 했는데, 그때마다 스님께서는 '난 괜찮으니, 염려 말고 공부나 잘 해라.'라고 하시면서 오히려 도반들에게 용기를 주셨다. 그렇게 매일매일 약사여래부처님의 화현신을 스님을 통해 뵐 수 있었다.

사람들은 고통을 벗어나고자 스님을 찾아온다. 스님께서 법력으로 마음을 바로 쓰는 일침 법을 펴시면, 마치 진통제 주사를 맞은 것처럼 잠시 좋아진다. 그러면 사람들은 순간 가벼워짐을 느끼고, 다 치유된 줄 착각하고 다시 잘못 길들여진 악습을 그대로 둔 채 스님 곁을 떠난다.

대중이 한 명이 오든 또는 단체로 오든 스님의 가르침은 늘 한결같았다.

'함부로 행동했던 몸뚱이, 어긋나고 삐뚤어진 생각, 독하게 내뱉는 말버릇 등을 고쳐서 바르게 써라.'

'자신을 자책하고, 죄악 망상에 빠져서 괴로움과 친구가 되어 놀지 말아라.'

'남 탓하고, 순간을 모면하려는 그 못된 버릇이 바로 귀신이다.'

'고치려는 마음이 없으면 여기 오지 말라. 뭣 하러 여기 오냐? 집구석에 처박혀 있지.'

'그런 오물덩어리를 명품으로 가린다고 가려지나? 시궁창 썩은 냄새가 나는데, 어찌 선신이 함께하겠는가?'

'어리석음에서 벗어날 수 있는 기회를 놓치지 말라.'

'안되는 것이 잘되는 것이다.'

또 다른 백일기도 기간에는 부처님의 탄생부터 불교의 전파 과정, 달마조사로부터 전해진 법맥을 가르쳐주셨다. 신라, 고려, 조선, 현대에 이르기까지 조사스님들의 수행어록도 아주 명쾌하게 강의해 주셨다.

스님께서는 언제 잠을 주무시는지 모를 정도로 항상 깨어 있으셨다. 드시는 것 없이 생활하실 때는 신도로서 '인간의 몸으로 저게 가능한 일인가?'라는 생각이 들기도 했다. 이러한 스님의 치열한 구도행과 수행자의 모습을 바라볼 때면 놀라움을 넘어 경외감이 들었다.

모양이 없고 차별이 없는 모습도 여러 번 볼 수 있었다. 어느 날 스님께서 산부인과 앞 쓰레기통 속 음식을 거침없이 드시는 것을 보고 놀라서, 얼른 뛰어가 요기하실 음식을 사온 적이 있었다. 그때 하시는 말씀이 거지가 배탈 나는 것 봤느냐고 하셨다. 그것이 분별없는 실상법을 가르치고자 했던 스님의 큰 뜻이었음을 몇 년이 지난 후에 알았다.

이번 동안거에는 카르마 학습법을 통해 자신의 업을 녹이고, 발복할 수 있는 기회는 물론, 육바라밀 실천과 대승보살의 정신으로 살아가는 법을 배웠다.
늘 큰 가르침 진심으로 감사합니다.
스님의 가르침대로 입 꼬리 확! 올리고, 행복하게 살겠습니다. 나는 행복합니다^^

방 게

인드라/ 2018.2.22.

부처님마을 스님과 인연이 된 것은 두 애들 모두 결혼시키고 부부만 남아서 살고 있던 어느 겨울이었다. 고향의 불자모임에서 만난 후배의 소개로 **부처님마을**에 가게 되었다.

처음 뵌 스님의 모습은 초연하게 빛나는 빛의 모습 그 자체였다. 깊은 내면에는 커다란 울림의 소리를 품고 계신 듯했다. 나는 순간 모든 것이 멈춰졌다. 오! 아! 수많은 감탄사와 함께 내 마음은 이미 그분의 움직일 수없는 강한 자력에 끌려가 있었다.

세월이 흐르고 흘러, 마침내 나는 스님의 가르침에 몰입하게 되었고, 오랜 시간 나의 삶에 오염된 것을 청소하고 신선한 물결로 이동시킬 수 있었다. 지난날의 어설픈 생각과 감정을 말끔히 정리하여 밝고 맑은 긍정의 자세를 취할 수 있게 되었다.

감사한 마음으로 지난날의 나의 어리석음을 고백해 본다.

남편과 시어머니로 인해 고통이 쌓이고 쌓인 나는 결국 스님께 내 마음의 상태를 말씀드렸다. 스님께서는 바로 큰 가르침을 주셨다.

"네가 세상에 태어난 것이 죄이며, 네가 남편을 선택한 것이 죄이며, 네가 자연에 감사한 마음이 없으니 그 또한 죄임을 알아라."

"죄인이란 단어로 한 생각 깊이 해 본 적 있는가?"

"숨 쉬게 해주고 맑은 빛과 시원한 바람의 향기를 한없이 선사해 주는 자연에게 한 번이라도 감사의 마음을 전한 적이 있었는가?"

나는 숙연해졌다.

얄팍한 지식, 상식, 견문으로 사람을 함부로 평가했고, 비판했고, 미워했던 것이다. 자신을 스스로 과대 포장하여 위선을 떨었고, 내 부족함을 나의 탓이 아닌 채워 주지 못하는 남편을 원망했고, 남 잘 사는 것에 시기와 질투심으로 배 아파했던 것이다.

어느 날이었다.

스님께서 걸어가는 내 뒷모습을 보시더니 나를 부르셨다.

"호수에 작은 돌을 던지면 그 돌은 뜰까요? 가라앉을까요?"

나는 당연한 질문을 왜 하실까? 궁금했다.

"보살! 보살의 마음은 가볍나요? 무겁나요? 새털처럼 가벼운 마음은 위로 올라갈 수 있지만, 무거우면 밑으로 내려 올 수밖에 없습니다. 가벼운 마음을 지니고 지혜를 밝히세요!"

무거운 중압감으로 뭉쳐진 에너지로 살아온 나는 이내 그 말씀의 깊은 뜻이 무엇인지 깨달았다.

'왜 그렇게 무겁게 살았을까?'

그 사연은 이러했다.

처음 본 남편의 인상은 매우 활기차고 예절 바르고 정직하고 유머러스했다. 그래서 대화하는 게 너무 재미있었다. 그런 남편의 모습이 좋아서 결혼을 결심했다.

하지만 결혼 후 모든 것이 엇박자가 되어 버렸다. 결혼하자마자 남편은 처음 본 모습과는 반대로 굉장히 거칠고 난폭하고 거짓투성이였다. 사탕발림일 뿐 습관적으로 사기를 치고 도박을 했다. 빚은 수년간 갚아도 다 갚을 수 없을 만큼 쌓였고, 신용마저 잃어 친구들과 주위 분들마저 등을 돌렸다. 그렇게 남편은 외톨이가 되었다. 남편은 오랜 세월 동안 술과 담배로 지탱하며 황폐화된 삶을 살았다. 그리고 자신의 감정을 조절할 수 있는 능력을 점점 상실했다.

이런 생활이 날마다 반복되면서 나와 아이들은 마음에 깊은 상처를 입었고, 결국 나는 철갑처럼 무거운 마음에 짓눌려 살아가게 되었다.

그런 그도 60대에 들어서자 가정의 책임자로써 정신을 차리게 되었고, 스스로 막노동을 하며 힘겹게 돈을 벌기 시작했다. 뿐만 아니라 남편은 땀나는 돈의 가치가 얼마나 소중하고, 귀중한 것인지 깨달아 자신을 위해서 한 푼의 돈도 쓰지 않았다. 오로지 알뜰살뜰하게 돈을 모았다.

그렇게 1년이 지나자, 남편은 직업소개소의 책임자 직을 인수받게 되어 사무실을 운영할 수 있게 되었고, 노동일꾼들의 마음을 진정으로 알아주는 다정다감한 책임자로서 큰 인기도 얻게 되었다. 일꾼들로부터 가장 멋진 사람이라는 찬사를 아낌없이 받게 된 것이다. 풍란의 세월을 겪고서야 비로소 내가 그토록 바라던 본래 정직하고 진솔한 남편의 모습으로 돌아온 것이다. 남편은 자식들에게도 아버지로서의 사랑을 아낌없이 베풀고 책임을 다하려 했다. 상처 난 아이들은 남편의 사랑을 지속적으로 받으면서 그동안 원망했던 마음을 눈 녹이듯 다 녹여버렸다.

그러나 건강은 건강할 때 지키라는 말이 있듯이 지난 세월 술, 담배로 살아온 것이 원인이 되어 '소세포 폐암'이라는 무서운 병을 얻게 되었다. 믿음이 별로 없었던 남편이었지만 절실했던지, 나와 함께 **부처님마을**에 가서 스님의 법문을 들었다. 남편은 갈수록 마음은 안정을 취했고 건강도 차츰 좋아지기 시작했다. 희망이 보였다. 그러나 그것도 잠시 자존심과 분별력이 강한 그는 스님의 따가운 경책을 받아들이지 못했고, 결국 부처님의 맑은 진리정법 공부를 포기하고 말았다.

하지만 나는 '언젠가 남편이 다시 오겠지.' 하는 믿음과 기대감만 가지고 그의 마음이 알아서 돌아오기를 기다렸다. 남편과 싸우기 싫어서 설득하지 못한 것이다. 그러나 그것이 마지막이 될 줄은 몰랐다. 결국 남편은 폐렴에 패혈증까지 합병되어 갑작스럽게 생을 마감하고 말았다. 나는 끝끝내 남편의 마음을 전혀 읽어 내지 못한 것이다. 스님께 수년간 가르침을 받았음에도 남편의 마음을 끝까지 다스려 주지 못한 것이다. 남편이 눈 감은 후에야 진정한 참회의 눈물을 흘렸다.

방게!

스님께서는 내 모습이 마치 방게와 닮았다고 하셨다. 나는 그 말씀에 적극 동의한다. 앞으로 걸어도 옆으로 가고 있는 방게처럼 나 또한 올바르지 못한 눈과 편견 된 생각으로 늘 마음이 삐뚤어져 있었다. 내 몸은 그 삐뚤어진 마음을 그대로 말해주고 있었던 것이다.

"내 안에서 불법의 진리가 돌려지고 있느냐?"

"내 근기가 우주를 운영할 수 있는 에너지이냐? 내가 나를 점검했을 때, 나는 지금 어떻게 하고 있는가? 행위와 언어의 품행이 부드럽고 향이 날 때, 업이 연소되어지는 것이다. 밝은 쪽으로 나갔을 때 그게 행복이다."

"인류의 빛이 되는 보살로 살아갈 때 진정한 대승보살이요, 도인이다"

스님의 쩌렁쩌렁하신 이 대우주의 목소리는 오늘도 내 귓가를 스치며 강한 메시지를 전해 준다.

●

감사의 합장

다라니 / 2018.2.19.

저는 말이 없고 그저 착하기만 한 답답한 사람이었습니다. 남의 흉도 볼 줄 모르고, 제 이야기도 남에게 하지 않았습니다. 그래서 친구들로부터 "너는 참 비밀이 많아."라는 말

을 들었습니다. 다른 사람들에게 어떠한 이야기를 들어도
겉으로 표현하지 않고 마음속에 차곡차곡 쌓아 놓았습니다.

제 마음속에는 늘 칭찬받고 싶은 욕심과 질투심이 강하게 자
리 잡고 있었습니다. 또 뭐든 내가 나서서 해야지 다 잘돼!
라는 오만이 가득 차 있었습니다. 그래서 주변 사람들에게
비춰지는 제 모습은 늘 뭐든 다 잘하는 사람이었고, 제 속
마음을 알 리가 없는 사람들은 그저 제 겉모습만 보고 칭찬
해 주곤 했습니다.
저는 상대의 부족한 점만 보는 못된 습관도 갖고 있었습니
다. 제 맘에 드는 게 하나도 없었기 때문입니다. 내 환경,
내 부모님, 내 형제, 내 가족, 내 주변까지 정말 마음에 드
는 것이 하나도 없었습니다. 그래서 늘 미움과 원망으로만
가득한 삶을 살았습니다.

그러던 어느 날 계속 피곤함을 느꼈고 온몸이 아프기 시작
했습니다. 그리고 날이 갈수록 목이 굵어 졌습니다. 남편과
아이들도 깜짝 놀라서 병원에 가 보라고 했습니다. 그런데
병원에 가 보려는 찰나에 어느 보살님께서 저를 **부처님마을**
이라는 곳에 데려가 주셨습니다.

그런데 스님께서 저를 딱 보자마자, "보살, 그동안 어떻게 살았어? 보살을 찾을래야 찾을 수가 없어."라고 말씀하셨습니다.

이 말을 듣는 순간 저는 너무나 깜짝 놀랐습니다.

'나는 그동안 열심히 살았는데 스님께서 왜 저런 말씀을 하신 거지?'

집에 가서도 그 이유가 계속해서 궁금해지기 시작했고, 저도 모르게 매일매일 스님을 뵙게 되었습니다.

그렇게 시간이 지나고, 어느 날 갑자기 스님의 말씀이 무슨 뜻이었는지 탁! 깨닫게 되었습니다. 그동안의 내 말과 행동, 생각에는 온통 이기심과 시기 질투로 가득차서 본래 맑은 나를 잃어버렸던 것입니다. 이 때문에 내 맑은 영혼과 몸은 늘 끊임없이 상처를 입었고, 결국 내 신체 중 가장 약한 부분인 목으로 내 속에 쌓여진 모든 오염물질이 나타나게 되었던 것입니다.

스님께서는 그동안 겉으로 표현하지 못해서 내면에 쌓인 저의 모든 불평, 불만을 하나하나 끄집어 내주시기 위해 저와 같이 흉도 보고 욕도 해주셨습니다. 태어나서 처음으로 속이 뻥 뚫린 느낌을 받았습니다. 뿐만 아니라 매일매일 아침부터 저녁까지 오로지 저를 위해서 법문도 해주시고, 그동안 내 잘못된 습관을 고쳐 주시기 위해 끊임없이 지적과 경책을 해 주셨습니다.

"경찰서 갈 일이 아니면 믿고 따져라."
"내 마음에 들려고 태어난 사람은 아무도 없다."
"상대의 부족함은 결국엔 내 부족함이고, 내 모순이다."

그러던 어느 날이었습니다. 아침에 거울에 비친 제 모습을 봤는데, 정말 깜짝 놀랐습니다. 제 목에 불룩 튀어나와 있었던 마치 개불알 같이 생긴 혹이 싹 사라진 것입니다. 병원에는 간 적도 없는데 말입니다. 어려서부터 늘 목에 있던 짙은 밤색선도 사라졌습니다.

가족들도 매우 놀라워했습니다. 오로지 스님의 가르침으로 병이 사라진 것입니다. 몸의 통증도 사라졌습니다. 제 남편은 너무나 감사한 마음에 스님께 인사를 드리러 가야겠다면서, 갑자기 쌀 한 가마니를 들고 **부처님마을**로 갔습니다. 그 쌀 한 알 한 알에는 남편의 마음이 담겨 있었습니다. 진정한 행복을 맛본 저는 스님께 너무나 감사하고 또 감사했습니다.

그러나 그 행복도 잠시, 어리석은 저는 스님의 가르침을 못 알아듣고 다시 또 큰 시련을 겪어야 했습니다. 스님께서는 어느 날부터 제 남동생의 안부를 묻곤 하셨습니다. 그리고 **부처님마을**에 꼭 한 번 데리고 오라고 하셨습니다.

"살아 있을 때 행복해야 된다. 맑은 영혼 돼서 오지 말고 살아있을 때 **부처님마을**에 와서 행복해야 한다."고 거듭 강조하셨습니다.

그러나 저는 언젠가 오겠지 하는 마음에 스님의 말씀을 별생각 없이 받아들였습니다. 그때까지도 스님의 말씀을 전혀 알아차리지 못했던 것입니다.

그러다 남동생의 사망소식을 듣게 되었습니다. 남동생의 시신을 보는 순간, 그동안 남동생이 온갖 오염에 쌓여 괴로움에 몸부림 친 것이 느껴졌습니다. 그동안 저는 가족 중 유일하게 부처님 공부를 하고 있었음에도 이런 동생의 마음 하나도 제대로 알아주지 못했고, 또한 스님의 예시도 저의 부족함과 어리석음으로 알아차리지 못한 것입니다. 결국 제 남동생은 맑은 영혼이 되어 오게 되었습니다. 스님께서는 이미 다 알고 계셨기에 제 남동생을 그렇게 찾으셨던 겁니다. 이 비보를 접한 스님께서는 저에게, "보살이 정신을 차려야 한다. 보살이 중심이 서야 한다. 지금까지 공부했던 것 잊지 말고, 눈물을 흘리면 앞을 가려서 상황 파악이 안 되니 정신과 마음을 똑바로 챙겨라."라고 가르침을 주셨습니다. 뿐만 아니라 장례식장에도 스님이 직접 도반들과 오셔서 기도와 법문도 해주셨습니다. 어둡고 어두운 곳을 밝고 환한 빛으로 채워 주셨습니다. 끝까지 어리석은 저를 위해 가르침과 힘을 주신 것입니다. 덕분에 저는 마음의 안정을 찾는 데 아주 큰 힘이 되었습니다.

그 후로도 스님께서는 제 어두운 마음을 부수기 위해 계속해서 애써주셨습니다. 하루는 갑자기 벼락같은 경책과 함께 공양 간에 있는 모든 그릇을 다 깨뜨려 버리셨습니다. 처음엔 왜 그러시는지 영문을 몰라 어리둥절하였지만, 그게 다 부서지지 않는 제 인기^{人氣}를 위한 것임을 깨달았습니다. 그 후 제 정신은 언제 어두웠냐는 듯 확 맑아졌고, 마음도 고요해졌습니다. 얼굴도 뽀얗게 바뀌었습니다. 가족과 도반 모두도 깜짝 놀랐습니다. 늘 축 처져있던 제 얼굴이 갓 태어난 아기와 같은 얼굴로 밝고 맑게 변했기 때문입니다. 그렇게 제 얼굴빛만큼 가족도 화목해졌습니다.

지금도 저는 그때의 소중한 기억과 가르침을 안고, 매일매일 제 정신의 불을 밝히기 위해 노력하고 있습니다. 물론 배우고, 느끼고, 실천하는 과정에서 많은 어려움이 있었습니다. 그러나 그것을 디딤돌로 하나하나 지나다보니 어느새 제 마음이 고요해지고 있음을 알았습니다.

요즘 주변 사람들로부터, "하루하루가 다르게, 밝고 행복해 보인다."라는 소리를 많이 듣고 있습니다. 빛이 날 정도로 예뻐졌다는 소리도 듣고 있습니다. 이렇게 제 마음의 불을 환하게 밝혀주신 스승님과 도반들께 진심을 다해 감사의 합장을 올립니다.

●

봄이 왔습니다

오리온/ 2018.2.10.

저는 50대 중반에 남편의 숨겨진 카드빚과 동생의 금전사기로 큰 경제적 난관에 부딪치게 되었습니다. 엄청난 충격과 허무함, 원망으로 인해 결국 뇌수막염까지 걸리게 되었습니다. 다행이 잘 이겨내서 완치 판정을 받게 되었지만, 곧

바로 이석증에 걸려서 늘 어지러움 속에 살았습니다. 또 저
체중까지 걸리게 되어 아예 일상생활이 불가능 하였습니다.

그러던 어느 날 이른 아침부터 전화 한통이 울렸습니다. 동
생의 남편이 자살로 죽었다는 소식을 접하게 되었습니다.
순간 온몸이 떨려서 일어날 수가 없었습니다. 온 힘을 다해
정신을 차려서 동생의 집으로 달려갔습니다. 울고 있는 동
생을 딱 보는 순간, 내 동생에게 모든 것을 짊어지게 하고
무책임하게 떠나버린 동생 남편에게 참을 수 없는 화가 치
밀어 올랐습니다.

그때 동생네 식탁 위에서 하얀 종이를 발견하였습니다. 3일
안에 은행 빚을 갚지 않으면 집을 경매에 넘겨버리겠다는 마
지막 통보서였습니다. 심장이 마구마구 뛰었습니다. 그때
부터 내 동생을 살려야겠다는 생각뿐이었습니다. 그렇게 남
편의 카드빚과 동생의 빚을 동시에 갚으려다 보니 제 빚 또
한 어마어마해 져서 너무나 막막했습니다.

그러나 상황을 이렇게까지 만들어버린 본인들은 정작 저에
게 털끝만큼도 미안해하거나 고마워하는 내색을 보이지 않
았습니다. 오히려 모든 고통과 화풀이를 늘 저에게 쏟아 부

었습니다. 남편은 자신이 무얼 잘못했는지를 모르는 사람처럼 너무나 뻔뻔하고 당당하게 행동하였습니다. 그리고 모든 책임을 다 저한테 떠넘겼습니다.

동생은 매일매일 술을 마시며 삶을 포기하려 했습니다. 그런 동생을 지켜보면서 저는 어떻게 해야 될지를 몰라 늘 두려움에 떨었습니다. 눈으로 안 보자니 잘못될까봐 걱정이 돼서 매일매일 찾아갔습니다. 역시나 동생은 찾아갈 때마다 자해한 흔적이 남아있었습니다. 하나 밖에 없는 자식 또한 이 경제적 고통을 함께 지게 되면서 난폭해져 갔습니다.

이런 상황에서 저는 너무나 괴롭고 외롭고 서러웠습니다. 집에 있는 것조차 끔찍하였기 때문에 마음 둘 곳이 없었습니다. 그나마 제 마음을 제일 잘 어루만져주었던 건 친구들이었습니다. 그래서 저는 매일 친구들을 만나 의지하였습니다. 그러나 그것도 잠시 잠깐이었고, 어느 순간 삶을 포기하고 싶다는 생각이 들었습니다. 그래서 저 또한 자살을 계획하였습니다. 하지만 그때마다 하나밖에 없는 제 딸이 눈에 아른거렸고, 저로 인해 충격 받을 제 딸의 모습을 떠올리면서 죽음을 포기하였습니다.

그러던 중 정신을 조금씩 차린 동생으로부터 **부처님마을**에 같이 가보자고 연락이 왔습니다. 평소 절에는 관심이 없었던 저였지만 지푸라기라도 잡는 심정으로 동생을 따라 **부처님마을**에 가게 되었습니다.

스님께서는 아무런 말씀이 없으셨고, 무조건 딸과 함께 여기에 와서 법문을 듣고 가라고 하셨습니다. 제 딸은 워낙에 무신론자라서 심하게 거부하였습니다. 그러나 설득을 계속하여 결국 저와 함께 **부처님마을**에 다니게 되었습니다. 집에서 먼 길이라 힘들었지만 스님의 법문을 들으면 그날 기분이 너무 좋았고, 무엇보다 무뚝뚝한 딸과 매일매일 데이트를 하는 기분이 들어서 저도 모르게 열심히 다니게 되었습니다.

저와 딸의 좋아지는 모습을 지켜보던 남편도 일이 없는 주말이면 꼬박꼬박 스님을 뵈러 왔습니다. 그렇게 우리 가족 모두는 **부처님마을**에 다니게 되었습니다. 스님의 법문을 통해 날이 갈수록 서로의 상처와 속마음을 알게 되었고, 그로 인해 오랫동안 풀리지 않았던 서로에 대한 의심과 오해도 풀렸습니다. 집에는 점점 따뜻한 가족의 향기가 풍겨졌습니다.

그러나 그 행복도 잠시, 저에게는 또 한 번의 정신적 고통이 찾아왔습니다. 누구보다 불자였던 제 동생이 깊은 마음의 고통과 경제적 난을 견디지 못하고 **부처님마을**마저 떠나버린 것입니다. 모든 것을 잃고 혼자가 돼 버린 제 동생을 생각하면서 매일매일 가슴이 아팠습니다. 그런 제 마음을 알아채신 스님께서는 조용히 저를 부르시더니, 찬바람이 불면 모든 것이 다 해결될 것이고 동생도 다시 **부처님마을**에 오게 될 것이니 공부에만 전념하라고 하셨습니다.

그 후 저는 다시 믿음을 갖고 꿋꿋하게 스님의 가르침을 받으러 갔습니다. 저는 스님의 가르침에 대해 한 치의 의심 없이 무조건 믿고 따랐습니다.

"옛것에 대한 집착을 버리고 본인의 생각·감정을 올바르게 하여 내 본래 영혼을 맑혀라."

이 법문처럼 저는 돈 걱정, 가족 걱정을 다 떨쳐버리고 오로지 제 영혼을 맑히는 데에만 집중하였습니다. 그렇게 가을이 훌쩍 지나고 초겨울이 다가왔습니다. 그런데 정말 기적 같은 일들이 하나하나씩 일어나기 시작했습니다. 막막했던 우리 집은 아주 좋은 가격에 팔렸고, 비록 월세 방으로 이사를 가야 했지만 그래도 그 덕분에 남편의 빚을 다 갚을 수 있었습니다. 퇴직해야 할 나이로 직장마저 그만둬야하는 상황에 닥쳤던 남편에게도 기적이 찾아왔습니다. 연장계약이 이루어진 것입니다. 남편은 자신을 올바르게 갖추면 모든 것이 이루어진다는 것을 몸소 체험하고 곧바로 스님 앞에서 지난날을 참회하였습니다. 그리고 지금 완전히 다른 사람이 되었습니다. 저의 뇌질환도 날이 갈수록 좋아지더니 병원에 한 번도 안 가고, 완전히 완치되었습니다.

그리고 12월 25일, 진짜로 제 동생이 모든 것을 다 내려놓고 **부처님마을**로 돌아왔습니다. 너무 감격스럽고 행복해서 눈물을 흘렸습니다. 직업이 가수인 저의 딸도 막혔던 일이 다 풀리게 되었습니다. 그렇게 우리 가족은 찬바람이 부는 겨울에 **부처님마을**에 다시 다 모이게 되었습니다. 그리고 봄과 함께 더 큰 행복의 꽃을 맞이하고 있습니다.

저는 요즘 너무나 설레고 행복한 마음이 가득하여 발이 땅에 닿는지도 모르게 쫑쫑거리며 **부처님마을**에 가고 있습니다. 그래서 스님께서도 저에게 '쫑쫑이'라고 부르십니다. 신발이 너덜너덜 떨어졌는지도 몰랐습니다. 그만큼 저는 너무나 큰 행복에 젖어있는 것입니다.

태어났을 때부터 늘 가난하고 파란만장한 삶으로 인해 제 삶은 아예 꺼져버린 촛불처럼 어두웠습니다. 그래서 저에게 이런 기적과 행복이 찾아 올 줄은 상상도 못했습니다. 지금 이라도 제 인생에 큰 희망과 행복의 성냥불이 되어주신 보현스님과 도반들께 진심으로 감사드립니다.

보현스님의 고백

길거리 캐스팅으로 시작한 연예인

미국 간다는 거짓말로 출가의 길로

다섯 번 도망친 불량 행자

거북이 등에 이름을 쓰라고?

선요를 보다 눈물을 쏟다

불타는 집의 중생들

다 버린 뒤에 자연과의 합일을 이루다

길거리 캐스팅으로 시작한
연예인

인생이란 긴 여정을 자신의 의지대로 살 수 있다면, 내 삶은 지금 어떤 모습을 하고 있을까? 망상일지는 모르겠지만 정말 궁금하다. 언뜻 생각해 보면 아주 재미없는 삶이 아닐까 하는 생각도 해 본다. 예정된 길을 걷기보다는 문득문득 마주치는 숱한 난관을 헤치면서 걷는 길, 삶은 그래야 더욱 숙성되고 참 맛이 나는 건 아닐까? 그 속에서 엎어지고 넘어지면서 자신의 길을 갈 수 있다면 더욱 금상첨화일 테고.

예측 불허. 나의 삶을 규정하는 단어로 이보다 더 적절한 말은 없을 것이다. 전혀 뜻하지 않은 곳에서 우연히 발현된 내적 에너지의 폭발, 그리고 폭주기관차처럼 방향 없이 내달린 내 어린 시절. 나는 그렇게 좌충우돌하며 젊음을 보냈다.

내 삶의 첫 번째 이정표는 한 감독님과의 우연한 만남으로부터 시작되었다. 어느 날 영화진흥공사가 있었던 남산 길을 친구랑 걸어가고 있는데, 어떤 분이 다가오더니 카메라 잘 받겠다면서 내 사진을 찍었다. 그리고는 곧장 영화진흥공사로 데리고 가 카메라 테스트와 대본 테스트를 받게 했다. 그분이 유명 영화감독님이란 건 나중에야 알았다.

말 그대로 길거리 캐스팅이 된 나는 광고모델로 연예계에 발을 들여놓았다. 처음에는 지면광고가 전부였지만 얼마 지나지 않아 유명 TV광고를 찍게 되었다. 방송국에서는 댄서로도 활동했는데 그러다 보니 작곡가들하고 만날 기회가 많았다. 그러던 어느 날, 작곡가 박춘석 선생님께서 내게 노래를 시켜 보시더니 곡을 주셨다. 그렇게 가수로 데뷔하여 박춘석 선생님, 이봉조 선생과 함께 앨범을 냈다. 그렇게 나는 광고 모델로서 또 가수로서도 이름께나 날리게 되었다. 삼성, 대우, 현대 등 국내 3대 기업행사의 전속가수가 되면서 돈도 많이 벌었고, 청와대 대통령 만찬에까지 초대될 만큼 지명도도 높아졌다. 이 즈음 KBS 드라마의 주제곡 '사모곡'을 불렀는데, 연말시상식에서는 10대 가수상 후보에 오르기도 했다. 그야말로 내 전성기였다.

하지만 가수 생활은 그것으로 끝이 났다. 인기 가수가 되어 박수를 받으면서도 뭔가가 다 맘에 안 들었다. 감히 만날 수도 없는 위대한(?) 분들 앞에서 노래를 하고 현금다발을 어마어마하게 받으면서도 늘 허전하고 공허한 마음만 가득했다. 모든 게 하찮게 보였다. 행사장에 가 있으면서도 저 따위가 무슨 장관이야! 당신이 무슨 국회의원이야! 하는 생각이 늘 머릿속에 꽉 차 있었다. 언제부턴가는 그런 내 마음이 밖으로 드러났는지, 그 높은 사람들도 내 눈을 잘 쳐다보지 못하며 불편해 했다.

그런 내가 눈꼴사나웠는지, 한 선배가 가수들이 다 모여 있는 자리에서 나를 불러내 뺨을 때렸다.

"싸가지가 없는 것, 너 때문에 우리까지 이 만찬에 못 오면 어쩔 거야! 누구 밥줄 끊어놓을 일 있어!"

어릴 때부터 내 꿈에는 항상 땅콩만한 스님이 내 앞에 나타나곤 했는데, 가수 활동을 할 때도 늘 같이 다니는 느낌이었다. 유명한 광고모델이 되고 또 가수로 히트를 치면서도 시간이 날 때마다 절에 간 것도 그 때문이었다.

방송국에 가면서도 다른 사람들이 뭐라 하든 말든 승복을 입고 다녔다. 별명도 애기보살이었다. 전속 프로덕션에서는 그런 내가 못마땅해서, 자꾸 그러면 일이 안 잡힌다며 제발 그 옷 좀 입고 다니지 말라고 말렸지만, 오히려 난 그 어린나이에 '8도 귀신메들리'와 '전국 사찰 홍보 메들리'를 불렀다.

선배한테 뺨을 맞은 것도 그 즈음이었다. 나도 내 상태가 궁금했다. 정말 내가 잘못된 것일까? 용하다는 무당을 찾아 굿을 세 번이나 했다. 그런데 굿을 할 때마다 무당들이 나자빠졌다. 나한테서 부처님만 보인다는 것이었다. 그때서야 내가 스님 될 팔자인 것을 알았다.

나는 수유리 '화계사'의 숭산崇山 큰스님을 찾아뵈었다. 그리고 큰스님의 제자로 계를 받아 속가의 유발상자가 되었다. 그때부터 나는 화계사의 방 한 칸을 달라고 해서 좋은 집을 놔두고 절에서 가수생활을 했다. 절에 있어야 마음이 편했던 것이다. 그러던 어느 날, 생방송 도중 마이크를 놓아 버렸고, 그 길로 방송국을 나온 나는 아예 절로 들어가 삭발을 하고 말았다. 그렇게 엄청난 사고를 저질렀는데도 프로덕션에서는, 제발 가발이라도 쓰고 노래 좀 불러 달라고 했다. 그때 나온 노래가 큰 인기를 얻었던 KBS 드라마 '사모곡'의 OST '사모곡'이었고, 백상예술대상에서 수상했던 영화 OST '우묵배미의 사랑'이었다. 이 두 곡은 내 연예계 생활에서 마지막 노래가 되었다.

미국 간다는 거짓말로
출가의 길로

어렸을 때부터 늘 나는 스님이 되고 싶었다. 우리 집에는 누군가 스님이 있어야한다고 생각했던 나는 늘 부처님 앞에 놀러갔다. 하지만 엄마는 내가 그럴 때마다 "미친년, 지랄하네. 무슨 스님이냐? 시집이나 가. 집안에서 중 나오면 집안 망하는 거여."라며 눈을 흘기곤 하셨다. 하지만 인연이 무르익자, 나는 한 올의 거리낌도 없이 출가의 길로 들어섰다. 내가 중이 되면 돈줄이 끊긴다며 나를 말리는 가족들에게는 미국에 간다고 거짓말을 했다. 생전 동생들한테 옷 한 벌 주지 않던 나는, 갖고 있던 옷가지 중에 예쁜 것만 골라서 나눠주었다. 동생들이 반색을 했다.

"언니, 웬 일이야?"

"미국에 가면 더 좋은 옷을 입을 텐데, 뭐."

대신 동생에게 회색 옷을 얻어 입었다. 맞지도 않는 큰 회색 옷이었다. 그리곤 절로 가는 길에 신분증까지 모두 버렸다. 삭발하던 날.

나는 부처님 앞에 무릎을 꿇고 앉아 있었다. 그런 내게 스님은, "무릎을 꿇지 말고 부처님처럼 편하게 좌선을 하고 앉으라."고 하셨다.

한 올 한 올 머리카락이 잘릴 때마다 속세에서 가졌던 인연들이 파노라마처럼 지나갔다. 발등 위로 우수수 떨어지는 머리카락, 내 굵은 눈물도 동시에 떨어졌다. 그리고 아버지 엄마, 동생들에 대한 미련도 그렇게 사라졌다. 수많은 인연들이 발등 위에 차곡차곡 떨어졌다.

정수리가 시원해서 고개를 드니, 부처님이 내 얼굴을 보시며 빙그레 웃고 계셨다.

삭발식을 마친 나는 해우소(화장실)로 가서 거울 속에 비친 내 모습을 봤다. 지난날의 악연들이 완전히 싹 사라진 듯한 느낌이 한순간에 들었다. 너무나 개운하고 시원했다. 난 나도 모르게 팔을 흔들며 춤을 췄다.

바깥으로 나가자 스님께서 나를 쳐다보시며 환하게 웃으셨다.

"허허, 부처님을 똑 닮았구나!"

드디어 먹물 옷을 입은 새 인생이 시작된 것이다. 하지만 수행자의 삶은 더욱 힘든 길이었다.

다섯 번 도망친
불량 행자

스님의 길은 너무나 힘들었다. 아무리 내가 좋아서 선택한 길이라 해도 도무지 적응이 되지 않았다. 그렇다고 발심 출가한 몸으로 중도에 포기할 수도 없고, 나는 이러지도 저러지도 못하는 심정으로 울며불며 떠돌이 생활을 했다. 그렇게 안절부절 못하고 방황할 때였다.

숭산 큰스님께서 나를 불렀다.

"비 맞은 똘중처럼 되지 말고 차라리 LA절에 가서 소임이나 살아. 거기 가서 수행하고 있어."

내 대답은 "NO"였다. 그리고 그 길로 화계사를 도망쳐 나왔다.

'왜 나를 소임살이로 묶어 놓으려고 하시지? 이건 내가 원하는 답이 아니야!'

그렇게 화계사를 나온 뒤로도 난 3개월, 5개월, 7개월, 9개월 만에 행자 생활을 포기하고 도망친 불량 행자가 되었다.

큰스님의 말씀을 어겼으니 출가생활이 잘 풀릴 리가 없었다. 참으로 힘든 10년 세월이었다. 세속 나이로 치자면 10살이나 어린 선임 행자한테 귀싸대기까지 맞았으니 시련도 그런 시련이 어디 있겠는가?

그렇다고 달리 갈 곳도 없었다. 두 번 다시 나를 찾지 말라며 온갖 독한 말을 퍼부었던 연예계는 말할 것도 없고, 내 인생 대신 살아줄 것 아니면 상관 마라며 단호하게 돌려보낸 부모님도 내가 돌아갈 곳이 아니었다.
그 후로 지리산이고, 태백산이고 대한민국의 팔도 명산대천은 다 찾아다니면서 도인이라는 도인은 다 만나보았다. 하지만 그것 역시 아니었다.

거북이 등에
이름을 쓰라고?

출가 생활을 가장 힘들 게 한 것을 꼽으라면 아마도 내 모난 성격도 한 자리를 차지할 것이다. 남들에게 머리라곤 숙여 본 적이 없는 자존심, 모든 걸 내게 맞춰야 하는 고집불통의 성격은 행중 시절은 말할 것도 없고 중물이 든 뒤에도 여전히 고쳐지지 않았다.

오히려 출가 이후 더 심해진 듯도 싶었다. 도인이 되고야 말겠다는 자존감이 그런 성격을 더욱 굳어지게 했는지도 몰랐다. 문제는 그럴수록 점점 더 어긋나기만 했다는 것이다. 사람들이 나를 쳐다보는 것조차 싫었다. '사람들이 왜 저따윌까?' 누구 한 사람 맘에 차질 않았다. 조건도 없이 그냥 다 싫었다. 신도들도 꼴 보기가 싫었다. 다른 스님들은 신도 관리하면서 잘만 살아가는데 나는 도대체 무엇이 문제란 말인가? 아무리 수행자라 한들 밥은 먹고 살아야 하는 데 이 일을 어쩌면 좋을까? 하루하루가 괴로웠다.

재일에는 공양비가 얼마 들어왔느니, 초파일이면 등을 몇 개 팔았느니 하며 절 살림을 걱정하는 것도 받아들일 수가 없었다. 내가 이러려고 머리를 깎은 게 아닌데, 출가한 목적은 어디 가고 등 개수나 세면서 중 생활을 해야 하나? 등을 많이 판다고 도인이 되는 것도 아니고⋯. 괴로워서 견딜 수가 없었다.

방생할 거북이 등에 이름을 쓰는 일은 더욱 그랬다. 지금이야 없어진 광경일 테지만 그때만 해도 방생 발원자의 이름을 경명주사로 쓴 뒤에 거북이를 방생했는데, 어른 스님들은 그런 하찮은 일에도 정성을 다하는 게 수행이라며 채근하곤 했다. 어른 스님들이 시키는 대로 해야 도인이 된다는데, 아무리 생각해도 그건 아니었다. 미쳐버릴 것 같은 나날들, 절에서 관행적으로 이루어지는 모든 일들이 싫었다. 불평불만은 끊임없이 이어지고 나중에는 나를 제어할 힘조차 남지 않았다.

그러던 어느 날 새벽예불 때였다.
아침 종성이 나직하게 울리고 있는데 문득, 순치황제 출가시의 한 대목이 떠올랐다.

이 몸이 나기 전에 그 무엇이 내 몸이며
세상에 태어난 뒤 내가 과연 누구던가?
태어나서 사람 노릇 잠깐 동안 하면서 이게 내 몸뚱이인
줄 알았더니
눈 한 번 감은 뒤엔 내가 과연 누구인가?

未生之前誰是我 (미생지전수시아)
我生之後我是誰 (아생지후아시수)
長大成人纔是我 (장대성인재시아)
合眼朦朧又是誰 (합안몽롱우시수)

나도 모르게 서러움이 몰려왔다. 울음이 터져 나왔다. 며
칠 뒤 나는 결국 도인이고 뭐고 다 엎어버리고 또 다시 절에
서 도망쳤다.

선요를 보다
눈물을 쏟다

진정 참회의 눈물을 흘려본 사람이라면 눈물이 주는 카타르시스를 알 것이다. 강원에서 선요를 보던 때의 일이다. '선요釋要'는 조사선과 간화선의 요지를 밝힌 고봉스님의 법문을 엮은 책으로 참선수행의 지침서라 할 수 있는데, 그냥저냥 보내던 강의시간 중간에 어느 대목인가가 내 가슴을 확 찔러 들어왔다. 그러더니 느닷없이 허무감이 몰려들면서 눈물이 쏟아졌다.

'지금 나에게 어마어마한 장침이 들어오는구나.'

막아낼 수가 없었다. 그동안 뭘 잘못하고 살았는지조차도 모르고 살아온 서러움이 복받쳐 올라왔다. 참회의 눈물은 주체할 수 없는 큰 기운이 되어 온몸에서 터져 나왔다. 다른 스님들은 강사 스님의 말 한마디라도 놓칠까 여념이 없는데 혼자서만 펑펑 울었던 그날의 일을 어찌 잊으랴?

그렇게 한참을 울고 나자 정신이 맑아졌다. 옛 조사스님의 법문이 큰 빛으로 다가와 터진 이때의 눈물은 내 정신의 찌꺼기까지 완전히 연소시켰다. 이날의 눈물은 내 마음속 아픈 응어리를 씻어내고, 내 몸뚱이에 젖어 있던 오염된 영혼의 때도 깨끗이 씻어내었다. 일체의 모든 것을 눈물로 싹 씻어낸 것이다.

진짜 '참 나'의 자리에서 나오는 눈물은 천연 마약과 같은 초자연적 에너지를 준다고 한다. 엔돌핀보다 4천 배나 강한 행복의 호르몬인 다이돌핀이 생성되기 때문이다. 이러한 행복 호르몬은 특히 수행자에게는 내 안의 부처와 좀 더 가까워지는 계기를 만들어 주는 중요한 요소가 되기도 한다. 그러나 당시의 나는 아직 이러한 이치를 전혀 모르고 있었다.

불타는 집의 중생들

참회의 눈물만으로 부처의 자리에 이를 수 있다면 얼마나 좋을까? 법화경에서는 화택火宅의 비유를 통해 우리가 살고 있는 삼계를 '불타는 집'에 비유한다. 오욕으로 불타는 집에 있으면서도 그 오욕의 달콤함 때문에 번뇌의 불길에서 벗어나지 못한 채 살아가는 중생들을 화택중생火宅衆生이라 한다. 우리의 마음이 불타는 집과 같다는 이야기이다.

온갖 번뇌와 탐욕, 시기, 질투, 원한 등으로 불타고 있는 세상. 불·보살님은 그런 중생들을 행복한 세상으로 이끌기 위해 시방세계 곳곳에 나투시며, 삼세에 걸쳐 영원히 중생 곁에 천백억화현신으로 나투어 가르침으로 인도한다.

선요를 보며 눈물을 쏟아내던 날, 난 내 모든 오욕의 덩어리가 떨어져 나간 줄 알았다. 하지만 얼마 지나지 않아 나의 모습은 또 다시 예전으로 돌아가 있었다. 나 역시 불타는 집에서 여전히 빠져나오지 못했던 것이다. 참으로 미련했던 시절이었다.

밖으로부터는 여전히 유혹도 많았다. 왜 그렇게 나를 탐내는 사람들이 많던지. 사찰과 단체, 행사장에서는 끊임없이 나를 불러댔다. 신기한 것은 그때까지도 내가 노래를 부르는 날이면 공연장이 사람들로 꽉꽉 차곤 하는 것이었다. 그러다 보니 찬불가 불러 달라, 공연을 해 달라며 여기저기서 불렀다. 돈은 말할 것도 없고 사찰을 준다느니, 땅을 준다느니, 개인 박물관을 준다느니, 산을 준다느니 정말 난리도 아니었다. 심지어는 절을 주겠다며 자기 상좌(제자)가 돼 달라는 스님도 있었다.

하지만 그럴수록 내 마음은 점점 더 멀리 달아났다. 금방석도 싫고 절도 싫었다. 도를 닦자고 중이 된 마당에 땅은 무슨 소용이고, 절은 또 무슨 소용이란 말인가. 그것은 내가 바라는 바가 아니었다.

"나는 종이 되기 싫어. 당신들 문지기가 되기 싫다고!"
나는 딱 한마디로 거절했다.

다 버린 뒤에
자연과의 합일을 이루다

그런 가운데에도 공부는 조금씩 앞으로 나아가고 있었다. 나도 모르는 사이에 수행자의 내공이 쌓이기 시작했는지 의문점이 여기저기서 솟아올랐다.

'부처님은 오고 감이 없이 일체처일체시 언제나 그 자리에 그대로 머물고 있다.'는데, 그 부처님께서 '미혹과 고뇌에 빠진 중생들을 구제하기 위해 짐짓 이 세상에 몸을 펼쳐 나투셨다.'는 이 말은 무엇이란 말인가?
불타고 있는 나는 누구이며, 나를 위해 세상에 나투신 부처님은 또 누구인가?
그리고 내가 그토록 찾고 있는 도란 대체 무엇인가?

아무리 머리를 쥐어짜도 답이 나올 리 없었고, 나는 점점 더 미친 수행자가 되어 갔다. 전국의 산이란 산은 안 간 데 없이 다 돌아다니면서 도인을 찾았다. 천리 길을 찾아가 만난 도인들, 큰 스님이란 큰 스님도 다 찾아 친견해 보고, 책이란 책도 다 봤지만 어느 곳에서도 그 답을 찾을 수 없었다. 답을 찾기에도 지쳤고 운수행각도 끝이 났다. 나는 내 안의 세계로 침잠해 들어갔다.

이때부터 내 화두는 다시 출가 초기로 돌아갔다. 출가한 뒤로 내게 가장 큰 화두는 "도대체, 나는 왜 중이 되었는가?" 하는 문제였다. '이 뭐꼬?'니 '뜰 앞의 잣나무'니 하는 선가의 화두는 애초부터 관심도 없었다. 108배는 왜 하며, 무엇 때문에 수행을 해야 하는 것인가? 그 근원적인 이유가 궁금했다. 나는 왜 중이 될 수밖에 없었던 것일까? 기왕에 중이 됐다면 어떻게 풀어내서 현세에서의 삶을 잘 정리하고 떠날 것인가? 내게는 이보다 더 시급하고 중요한 화두가 없었다. 내가 깨뜨려야 할 화두는 바로 이것이었다.

머릿속이 번쩍했다. 나는 습관처럼 해오던 모든 수행방식을 깡그리 뒤엎어 버렸다. 그때까지 공부해왔던 것들은 하나도 남김없이 싹 내던졌다. 그리곤 오직 알몸으로 7년간 문을 닫아걸고 앞만 보았다. 현생에 이것을 풀어내지 못한다면 죽어 마땅하다는 각오를 하고, 혈서를 써서 문밖에 걸었다. 그날 이후 사람들과는 말조차 섞지 않았다. 묵언수행을 하며 의문이 풀릴 때까지 오직 산하고만 싸웠다. 새벽마다 산 꼭대기를 오르락내리락 하며 몇 십 번이나 죽을 고비를 넘기고 또 넘기던 어느 날이었다. 북한산 보현봉에 올라 서 있는데, 갑자기 우두둑~! 하더니 내 왼쪽 복숭아 뼈 쪽으로 날벼락이 떨어졌다.

그 순간, 눈이 확 밝아지더니 머릿속에 하얀 에너지와 함께 큰 불덩어리가 탁 들어왔다. 마침내, 하늘과 대 자연이 내 몸을 활짝 열어 놓은 것이다.
그렇게 나는 자연과 열 번째로 하나가 되었다. 수행을 하면서 이렇듯 자연과 내가 하나가 된 것은 모두 열 번이었다.

첫 번째는 새싹과 하나가 된 것이다.
두 번째는 물과 하나가 되었다.
세 번째는 구름과 하나가 되었다.
네 번째는 날아가는 새와 하나가 되었다.
다섯 번째는 흙과 하나가 되었다.
여섯 번째는 바람과 하나가 되었다.
일곱 번째는 바위와 하나가 되었다.
여덟 번째는 황사와 하나가 되었다.
아홉 번째는 내 몸과 하나가 되었다.

그리고 열 번째가 날벼락과 하나가 된 것이다.

자연과 내가 하나가 된 그 순간 이후, 내 몸에서는 과학과 철학, 지혜가 동시에 터져 나왔다. 숫자가 말로 나오고, 글이 숫자로 나왔다. 사람을 보았을 때는 물론이고 산자락의 나무 한 그루만 봐도 그 모든 게 글로 나오기 시작했다.
어떻게 쓸어 담아야 할지 정리가 안될 정도로 쏟아져서 밤새 잠을 못잔 것이 한 두 번이 아니었다.
감히 생각지도 못했던 신세계 통신이 프리볼트free volt로 내게로 온 것이다.